Peter Bartmann

Nächstenliebe

Peter Bartmann

Nächstenliebe

Das biblische Gebot –
eine Inspiration für heute

FREIBURG · BASEL · WIEN

© Verlag Herder GmbH, Freiburg im Breisgau 2024
Alle Rechte vorbehalten
www.herder.de
Umschlaggestaltung: Verlag Herder
Umschlagmotiv: Der gute Samariter, farbiges Glasfenster, St. Andrew's
Church, Alvington, Gloucestershire, England, UK – © mauritius
images / Colin Underhill / Alamy / Alamy Stock Photos
Satz: Barbara Herrmann, Freiburg
Herstellung: GGP Media GmbH, Pößneck
Printed in Germany
ISBN Print 978-3-451-39726-4
ISBN E-Book (PDF) 978-3-451-83726-5

Inhalt

Geleitwort von Ulrich Lilie 7

Vorwort: Nächstenliebe in konfliktreichen Zeiten .. 11

I. Das Liebesgebot als Ausgangspunkt der Ethik 17

1. Konzentration der Moral auf einen Kern 18
2. Von Zorn, Rache und Hass Abstand nehmen ... 24
3. Die Goldene Regel in der Auslegung der
   Bergpredigt 32
4. Mitleid und die Möglichkeit des Altruismus 41
5. Praxis der Barmherzigkeit 43
6. Nächstenliebe auf Distanz 48

II. Der eine Gott und das Gebot der Liebe 53

1. Der eine Gott als Grund einer universalen Moral   55
2. Vom inklusiven zum exklusiven Monotheismus   61
3. Die Anrufung des einen Gottes als Vater 65
4. Die Kraft und die Reichweite der Bitte 68
5. Liebe und Vergebung 71
6. Der ungestillte Hunger nach Gerechtigkeit 77

III. Ethik der Nächstenliebe in der Moderne 84

1. Von der Goldenen Regel zur Theorie der Gerechtigkeit 87
2. Vernunft oder Liebe? 95
3. Nächstenliebe *und* Anerkennung 100
4. Die Bitten der Menschen und das Gebot Gottes 109
5. Intuitive und institutionelle Nächstenliebe 116
6. Ist Nächstenliebe spezifisch christlich? 122

IV. Meditation der Nächstenliebe 128

1. Nähe 128
2. Bitten in meiner Nähe 130
3. Wie weit reicht die Nächstenliebe? 132
4. Vertiefte Nächstenliebe 136
5. Wechselseitige Rechte 140
6. Persönliche Nähe als Arbeit und Beruf 142
7. Die Nächstenliebe als höchstes Gebot 145
8. Universales Ethos in christlicher Perspektive ... 150

Anmerkungen 154

Literatur 168

Geleitwort

„Aus Liebe", das ist das Motto des 175. Jubiläums, das die Diakonie 2023 feiert. 1848, in dem Jahr, das als Gründungsjahr der modernen Diakonie gilt, ging es vor allem darum, die Kirche an das Gebot der Nächstenliebe zu erinnern: eine Kirche, die sich vor allem in Abwehr gegen die moderne Gesellschaft sah. „Die Liebe gehört mir wie der Glaube" – diesen schönen Satz legte Johann Hinrich Wichern der Kirche damals in den Mund. Er warb in der Kirche darum, sich nicht nur als Institution des Glaubens, sondern ebenso auch als Institution der Nächstenliebe zu verstehen und sich hinter die Menschen zu stellen, die sich für arme und kranke Menschen, Menschen mit andauernder gesundheitlicher Beeinträchtigung, Kinder ohne Schulbildung, Menschen ohne Wohnung usw. einsetzen. Wichern, dem Initiator sozialer Arbeit und Gründer diakonischer Gemeinschaften und Einrichtungen, ging es darum, den Weg in die Gesellschaft hinein als einen Weg auf den Spuren Jesu sichtbar und gangbar zu machen: als bürgerliches Engagement und als qualifizierter Beruf in durchdachten Organisationen, die sich staatliche und gesellschaftliche Anerkennung verschaffen. Dabei stand die tätige Nächstenliebe, wie man damals gerne sagte, für die „Rettung" in existenziellen Notlagen, aber sie stand auch für das Überschreiten der jeweils eigenen gesellschaftlichen Kreise und der damit verbundenen Weltanschauung.

175 Jahre später haben sich die staatlichen und gesellschaftlichen wie auch die kirchlichen Verhältnisse gewandelt. An öffentlicher Anerkennung für soziales Engagement mangelt es sicher nicht. Im Sozial- und Gesundheitswesen arbeiten hunderttausende Menschen – und die evangelische wie die römisch-katholische Kirche werden als Förderer von Engagement und Träger sozialer Dienste wahrgenommen und geschätzt. In den sozialpolitischen Debatten sind inzwischen die sozialen Rechte der Bürgerinnen und Bürger der gemeinsame Orientierungspunkt – weniger die Liebe, die man nicht einfordern kann und die – so die Kritik am Paternalismus des Helfens – ihrem Gegenüber oft nicht gerecht wird.

„Aus Liebe": In der Tat kann man nicht per Gesetz einfordern, dass Menschen sich respektvoll und wohlwollend begegnen und auch die Not des Anderen sehen. Auch mit Anreizen und Belohnungen kommt man nicht sehr weit. Aber wie kommt diese Grundbedingung guten Zusammenlebens, die Grundbedingung sozialer Arbeit zustande? Einerseits scheint sie eine Selbstverständlichkeit, andererseits fehlt sie oft, wenn sie dringend gebraucht wird. Die respektvolle Zuwendung geht in den Konflikten des Lebens rasch verloren, den persönlichen wie den gesellschaftlichen und politischen Konflikten. Dann ist es notwendig, sich wieder an die Liebe zu erinnern – und das unternimmt die Diakonie Deutschland mit ihrer Kampagne zum 175. Jubiläum.

Auch das vorliegende Buch dient der Vergegenwärtigung der gestaltenden Kraft der Nächstenliebe: einer Grundhaltung, die in dem Menschen in meiner Nähe einen Menschen wie ich erkennt – noch bevor sich die Frage stellt, ob ich ihm oder er mir zur Seite stehen sollte. Es zeichnet in der biblischen Überlieferung nach, wie das Gebot der Nächstenliebe zum „höchsten Gebot" wurde, und fragt, wie die Liebe zum Nächsten mit der Bindung an den einen Gott zusammenhängt, der von allen Menschen angerufen werden kann. Ausgehend von der biblischen Überlieferung wird das Gebot der Nächstenliebe in den Zusammenhang moderner Ethik gestellt, in die Suche nach den Grundlagen einer gerechten Gesellschaft und die gesellschaftlichen Kämpfe um Anerkennung. Die Praxis institutionalisierter Nächstenliebe, wie sie von Caritas und Diakonie repräsentiert wird, wird zurückbezogen auf die intuitive Nächstenliebe, die in beruflicher Arbeit, freiwilligem Engagement oder spontaner Begegnung ihren persönlichen Ausdruck findet. Denn die Institutionen der Nächstenliebe sind bei aller öffentlichen Anerkennung und Unterstützung darauf angewiesen, dass Menschen das Gebot der Nächstenliebe auch für sich annehmen.

Ulrich Lilie
Präsident der Diakonie Deutschland 2014–2023

Vorwort: Nächstenliebe in konfliktreichen Zeiten

Als ich die Arbeit an diesem Essay vor mehreren Jahren begann, stand eines seiner Grundthemen noch nicht im Licht der öffentlichen Aufmerksamkeit. Die Gefährdung des Zusammenlebens durch Hass und durch die Emotionen, die in Hass ausarten können, wie Zorn, Verachtung, Geringschätzung, Neid, Rivalität, schien ein auf bestimmte Personengruppen oder Lebenslagen eingrenzbares Problem zu sein. Inzwischen ist das Bewusstsein dafür gewachsen, dass wechselseitiger Respekt und positive Zuwendung nicht selbstverständlich sind, so sehr alle Menschen danach streben, respektiert und geliebt zu werden.

Genau das ist der Sinn des Gebots der Nächstenliebe. Das Gebot der Nächstenliebe ist älter als die christliche Ethik; es findet sich zuerst in den fünf Büchern Mose, die für Juden und Christen verbindliche Tradition sind. Das Gebot bezieht sich von Anfang an vor allem auf den Umgang mit Konflikten und den Emotionen, die sich an Konflikten entzünden. Angesichts drohender Spaltungen in der Gesellschaft ist es ein Gebot der Stunde, sich mit diesem Gebot neu auseinanderzusetzen.

Einen anderen aktuellen Bezugspunkt bilden die Kontaktbeschränkungen während der Corona-Pandemie: Um die Verbreitung des Virus einzudämmen, war es während zwei langer Jahre praktisch untersagt, anderen

Menschen nahezukommen. Noch immer wird darüber nachgedacht, welche Auswirkungen das allgemeine *Verbot von Nähe* hatte und welche Folgerungen Menschen daraus für ihr Leben ziehen.

Nächstenliebe steht einerseits für einen alle Menschen verbindenden humanen Wert, andererseits für ein religiöses Ethos. Eine Ethik der Nächstenliebe steht, wie wir sehen werden, auf zwei Beinen: Das eine ist die intuitive Einsicht, dass der oder die andere ein Mensch ist wie ich. Das andere ist der Bezug auf den einen Gott, durch den ich nicht nur mit diesem oder jenem Gegenüber, sondern mit allen Menschen verbunden bin.

Dass Gott vor allem Nächstenliebe fordert, versteht sich nicht von selbst. Im Zentrum einer religiösen Ethik wären spezifisch religiöse Pflichten zu vermuten, zum Beispiel die Teilnahme an einem durch besondere Riten gestifteten Gemeinschaftsleben. In den Texten, die das Fundament des Christentums bilden, wird jedoch ein Wandel im religiösen Denken vollzogen, in dem die Nächstenliebe einen höheren Stellenwert erhält. Die Auseinandersetzung mit diesen Texten könnte daher auch für diejenigen interessant sein, die in ihrer Ethik von einem religiösen Fundament gerade absehen wollen. Viele Vertreter einer säkularen Moral wenden sich ja nicht gegen den Inhalt der Nächstenliebe, sondern wollen diese von einem religiösen auf ein rein humanes Fundament stellen.

Eine solche säkulare Ethik des wechselseitigen Respekts stand mir beim Schreiben dieses Essays immer als direkte Nachbarin der christlichen Ethik vor Augen. Weil Religionen als Triebkraft fataler Konflikte wahrgenommen wurden und werden, ist es für viele Menschen notwendig, ihren moralischen Standpunkt gerade nicht in einer Religion zu begründen, sondern eine säkulare Perspektive zu suchen, in der die Menschen die wichtigsten Regeln des Zusammenlebens gewissermaßen unter sich ausmachen.

Für viele andere ergibt sich die moralische Verpflichtung jedoch aus ihrem religiösen Selbstverständnis. Sie verstehen nicht, wie Menschen, die sich praktisch immer voneinander abgrenzen, aus sich heraus einen universalen moralischen Horizont erreichen und sich auch daran orientieren können.

Indem ich auf die biblischen Quellen des Liebesgebots zurückgehe, wähle ich einen Standpunkt, der gewissermaßen vor der Institutionalisierung des Christentums und noch vor der Trennung des christlichen vom jüdischen Weg liegt. Von diesem Standpunkt aus, der auch vor der ost-westlichen Trennung der Christenheit und der Bildung von Konfessionen und Freikirchen angesiedelt ist, entwickele ich die Grundlinie einer Ethik, die auch in der philosophischen Diskussion bestehen will.

In den Jahren, in denen ich an diesem Essay gearbeitet habe, ist mir immer wichtiger geworden, nicht nur eine „Position" zu entwickeln, die sich für die argumentative Auseinandersetzung mit Philosophen und Theologen eignet, sondern eine Ethik, die ich auch selbst leben kann. Dies hängt sicher damit zusammen, dass ich beruflich nicht in der akademischen Welt zuhause bin, sondern in einem Umfeld, in dem nicht der Austausch von Argumenten, sondern praktische Lebensfragen im Vordergrund stehen.

In den biblischen Texten, die dem Gebot der Liebe nachgehen, sind viele Elemente ethischer Reflexion und Praxis enthalten, die intuitiv verständlich und auch praktisch nachvollziehbar sind. Ich habe mich darum bemüht, diese intuitive Seite der christlichen Ethik stark zu machen.

Dabei werde ich ein Element herausstellen, das man im Zusammenhang der Ethik eher nicht erwartet: In der Bergpredigt wie auch im Römerbrief des Apostels Paulus spielt eine einfache Form des Gebets eine zentrale Rolle, die Anrufung Gottes als Vater. In dieser schlichten Hinwendung zu Gott liegt das, was man abstrakt als das Selbstverständnis eines religiösen Menschen bezeichnen könnte. Im christlichen Horizont ist es das Selbstverständnis als eines unter vielen gleichrangigen Kindern Gottes. An diesem Selbstverständnis hängt ethisch viel: Wenn ich mich und alle anderen Menschen als Kinder Gottes ansehe, dann ergibt sich daraus die Haltung, allen Menschen mit Respekt und Empathie zu begegnen.

Nächstenliebe ist im Verlauf des 20. Jahrhunderts zu einem Leitbegriff institutionellen Handelns geworden. Sie wird mit „karitativen" Organisationen identifiziert, die soziale Aufgaben im Auftrag von Staat, Kirche und Gesellschaft wahrnehmen. Dabei steht häufig eine bestimmte Leistung im Vordergrund, die der oder die Nächste benötigt. Die Engführung der Nächstenliebe auf das möglichst gut organisierte soziale und humanitäre Handeln ist leicht nachvollziehbar: Den beträchtlichen Ressourcen und Handlungsmöglichkeiten staatlichen und institutionellen Handelns stehen extreme Notlagen und Krisensituationen sowie die soziale und gesundheitliche Ungleichheit auch in entwickelten Ländern gegenüber. Angesichts dieser großen Dimensionen, die ständige Aufmerksamkeit fordern, wird Nächstenliebe als persönliche Haltung und Lebenspraxis leicht auf die Unterstützung institutioneller Aktivitäten verkürzt. Im Verlauf des 20. Jahrhunderts war es notwendig, die Bewältigung sozialer Notlagen und gesundheitlicher Beeinträchtigungen aus dem sehr begrenzten Raum persönlichen Engagements in die öffentliche Verantwortung zu verlagern. Übergangsweise mag es hilfreich gewesen sein, von „institutionalisierter" oder „struktureller" Nächstenliebe zu sprechen, um deutlich zu machen, dass mit öffentlichem Handeln ein Ziel angestrebt wird, das im Sinne der Nächstenliebe ist. Doch stünden ein ausgebauter Sozialstaat ebenso wie Caritas, Diakonie und andere karitative sowie humanitäre Organisationen *auf tönernen Füßen*, wenn sie nicht durch die persönliche Haltung der Nächstenliebe sehr vieler Menschen über die Konfessions- und Religionsgrenzen hinweg getragen würden.

Dass dieses Buch im Herder-Verlag erscheinen kann, ist ein gutes Zeichen dafür, dass die Konfessionsgrenzen im gemeinsamen Nachdenken überschritten werden. Mein Dank gilt Clemens Carl, dem theologischen Lektor des Herder-Verlags, der sich für die Aufnahme meines Essays in das Verlagsprogramm eingesetzt und die Erarbeitung mit wohlwollender Kritik begleitet hat. Danken möchte ich auch Stephanie Schwenkenbecher, die mir als freie Lektorin zur Seite stand und viel zur Lesbarkeit dieses Essays beigetragen hat.

I. Das Liebesgebot als Ausgangspunkt der Ethik

Ethik ist das Nachdenken darüber, wie Menschen sich verhalten sollen – und worin ein gutes Leben besteht. Auf der einen Seite geht es in der Ethik um die Normen, die das Zusammenleben der Menschen gewährleisten sollen, und auf der anderen Seite um die individuelle Lebensführung, die Suche nach Sinn und Glück. In der biblischen Tradition werden Gebote und Weisungen zuerst damit begründet, dass sie von Gott gegeben sind als Ordnung für das Zusammenleben der Menschen. Aber es wird auch gesagt, dass der Mensch, der diese Normen befolgt, darin Sinn und Erfüllung finden wird.

Die Vielzahl der überlieferten Gebote, Weisungen und Lebensregeln werden in der Bibel an verschiedenen Stellen auf einen leicht verständlichen Kern konzentriert. Dazu gehören die Zehn Gebote und in der Bibel der Christen die Forderung der Nächstenliebe sowie, damit eng verbunden, die so genannte Goldene Regel. Der Konzentration der Moral auf diesen Kern gehe ich im ersten Abschnitt dieses Kapitels nach: Danach geht es in der Moral – im Kern – um die Beziehung zu den „Nächsten" – und was das bedeutet, wird im Rest des Kapitels ausgehend von zentralen Texten zur Forderung der Nächstenliebe erläutert. Die Forderung der Nächstenliebe erhält ihren Sinn angesichts der Konflikte, die das Zusammenleben von Menschen permanent prägen:

Angesichts von Hass, Rache, Rivalität und Feindschaft wird Liebe gefordert – und diese Forderung hat gerade im Nahbereich des Zusammenlebens ihren Sinn (Abschnitt 2). Um Konflikte zu moderieren, ist die Goldene Regel ein sinnvolles und vielfältig einsetzbares Werkzeug. Sie leitet dazu an, mich in ein Gegenüber hineinzuversetzen und mein Verhalten aus der Perspektive des oder der Anderen zu betrachten (Abschnitt 3). In der Moderne wird die Nächstenliebe häufig im Zusammenhang mit Mitleid und Barmherzigkeit gesehen – und dies hat biblische Wurzeln, zum Beispiel in der Erzählung vom barmherzigen Samariter, der das Gebot der Liebe beispielhaft erfüllt (Abschnitt 4): Weil das Mitleid kulturelle, religiöse und ethnische Grenzen überschreitet, ist es ein Hinweis darauf, dass ein diese Grenzen überschreitender Altruismus möglich ist. Die Forderung nach einer Praxis der Barmherzigkeit, die auch Menschen in Not erreicht, kann also in das Verständnis der Nächstenliebe einbezogen werden (Abschnitt 5). Auch wenn sich das Gebot der Nächstenliebe zunächst auf das Zusammenleben in der unmittelbaren *Nähe* bezieht, können Menschen in der *Ferne* einbezogen werden (Abschnitt 6).

1. Konzentration der Moral auf einen Kern

Die Vielzahl der überlieferten Verhaltensregeln wird an zentralen Stellen der Bibel auf einen Kern konzentriert.

So stehen die Zehn Gebote nicht nur im Zentrum der beiden großen Gesetzessammlungen in den fünf Büchern Mose, sondern sie sind wie eine Zusammenfassung, indem sie die Beziehung zu dem einen Gott und die Beziehungen zu den Mitmenschen ansprechen. Im Neuen Testament wird die Konzentration auf einen Kern, ein Grundprinzip noch weiter fortgeführt, wenn in den Evangelien nach *dem höchsten Gebot* gefragt wird (Matthäus 22,35–40). Dieses höchste Gebot besteht bei näherem Hinsehen aus zwei Geboten, die ineinander verflochten sind: Geboten ist die Liebe zu Gott und zum Nächsten. Ähnlich wie die Zehn Gebote auf zwei Tafeln die Beziehung zu Gott und zum Mitmenschen regeln, so bezieht sich auch das höchste Gebot auf die Beziehung zu Gott und zum Mitmenschen.

Neben dem Liebesgebot wird ein zweiter moralischer Grundsatz als „das Gesetz und die Propheten" tituliert. Am Ende der Bergpredigt wird die so genannte Goldene Regel so bezeichnet: „Alles nun, was ihr wollt, dass euch die Leute tun sollen, das tut ihr ihnen auch! Das ist das Gesetz und die Propheten." (Matthäus 7,12)

Wenn man in der Bibel der Christen nach dem Kern der Moral fragt, muss man also an der Forderung der Liebe und der Goldenen Regel ansetzen. Zunächst muss es darum gehen, beide Leitsätze in ihrem biblischen Zusammenhang zu verstehen und aufeinander zu beziehen. Wenn „das Gesetz und die Propheten" einen einheitlichen Sinn haben, so muss man das Liebesgebot und die Goldene Regel als zwei Zugänge zu diesem Sinn verstehen.[1]

Die Forderung der Nächstenliebe und die Goldene Regel setzen mich in Beziehung zu anderen Menschen in meiner Umgebung. Der „Nächste" ist im biblischen Sprachgebrauch nicht nur der nahe Verwandte oder Freund, sondern der Nachbar oder der Mensch, der mir begegnet, ohne dass ich in einer besonderen Beziehung zu ihm stünde. Die Nächsten sind die Menschen, die in der Goldenen Regel „die Leute" genannt werden. Mit der Goldenen Regel werde ich angeleitet, „die Leute" so zu behandeln, wie ich von ihnen behandelt werden will.

Nach dem Gebot der Nächstenliebe soll ich mich dem Nächsten gegenüber so verhalten *wie mir selbst* gegenüber. Dieses Verhalten wird mit dem Wort „lieben" näher bestimmt. Um nicht in den Assoziationen unterzugehen, die mit dem Begriff der Liebe verbunden sind, ist es maßgeblich, dass der oder die Nächste im biblischen Sprachgebrauch ein Mensch ist, mit dem ich nicht unbedingt verwandt oder befreundet bin. Anders als man vom modernen Sprachgebrauch her vermuten könnte, ist die Nächstenliebe keine persönliche nahe Beziehung, sondern eine Haltung, die ich jedem Menschen entgegenbringen soll, dem ich im praktischen Leben begegne.

Die Formulierung „lieben *wie dich selbst*" lädt zu vielfältigen Reflexionen ein. So kann man fragen, inwiefern sich jeder Mensch selbst liebt oder lieben sollte, und von dort aus zur Frage übergehen, inwiefern er einen jeden anderen Menschen lieben sollte.[2] Aber diese Fragen und Reflexionen liegen weit entfernt von den biblischen Texten zur Nächstenliebe. Die Vorstellung, dass sich jeder Mensch selbst liebt oder lieben sollte, spielt in der biblischen Überlieferung keine besondere Rolle. Aber auch unter der Voraussetzung, dass sich jeder Mensch selbst liebt, ist es ein anspruchsvoller Schritt von der Selbstliebe zu einem angemessenen Verhältnis zu einem beliebigen anderen Menschen: Soll ich zu diesem Menschen, den ich kaum kenne, eine ähnlich starke emotionale Beziehung haben wie zu mir selbst?

Den gordischen Knoten solcher komplizierter Reflexionen zum Verhältnis von Selbst- und Nächstenliebe haben die jüdischen Religionsphilosophen Martin Buber und Franz Rosenzweig gelöst, indem sie eine andere Übersetzung des biblischen Liebesgebotes vorschlagen, die auf alte jüdische Auslegungstraditionen zurückgeht: „Halte lieb deinen Genossen, dir gleich".[3] Diese Übertragung lenkt die Aufmerksamkeit auf den Punkt, an dem Gleichheit zwischen mir und meinem Gegenüber besteht: Er ist ein Mensch – so wie ich selbst. Insofern muss ich mich ihm gegenüber in gewisser Hinsicht so verhalten wie mir selbst.

Diese Hinsicht wird in der Goldenen Regel erschlossen: Der Nächste ist ein Mensch wie ich, in den ich mich hineinversetzen kann und muss, wenn ich richtig handeln will. Die Goldene Regel betont das praktische Tun und Verhalten, während das Gebot der Nächstenliebe sich auch auf die Ebene der inneren Einstellung bezieht. Auf beiden Ebenen geht es darum, dass ich mein Gegenüber *wie mich selbst* ansehe und behandle: als einen mir gleichartigen Menschen mit Bedürfnissen, Wünschen und Zielen.

Der elementare Sinn des Gebotes der Nächstenliebe besteht also darin, dass ich andere Menschen als gleichrangige Nächste anerkenne. Eine dem modernen Sprachgebrauch entsprechende Übersetzung wäre: „Respektiere deinen Nächsten" – und dann kann man auch mit der klassischen Übersetzung fortfahren – „wie dich selbst". Die moderne Begrifflichkeit – Anerkennung, Respekt – erfasst allerdings nicht den ganzen Sinn des biblischen Verständnisses der Nächstenliebe. Wie wir in den nächsten Abschnitten sehen werden, gehört zur Nächstenliebe auch die Auseinandersetzung mit den eigenen negativen Emotionen und positiv Empathie und Mitleid.

Zuvor will ich mich aber mit der Frage auseinandersetzen, warum es sinnvoll ist, die Vielzahl der religiösen und moralischen Weisungen auf einen Kern zu reduzieren. In den Schriften des Neuen Testaments beschäftigt sich besonders die Bergpredigt mit dieser Frage. An ihrem Anfang wird der Grundsatz bekräftigt, kein noch so kleines Gebot – und gemeint sind die Weisungen des Alten Testaments – willkürlich aufzuheben (Matthäus 5,17–19). Offenkundig würde die *willkürliche* Aufhebung *einer* der Weisungen die Geltung des *Ganzen* in Frage stellen. Ein willkürlich zugeschnittenes „Gesetz" wäre nicht mehr das Gesetz: Wenn man ein kleines der göttlichen Gebote aufheben kann, warum sollte man nicht auch andere, wesentliche Gebote relativieren! Diese Auffassung von der Geltung von Geboten ist übrigens kein Ausdruck religiöser Radikalität, sondern nimmt nur beim Wort, was ein Gebot ist: Eine Forderung, die man nicht einfach aufheben kann.

Die Alternative, die die Bergpredigt beschreitet, liegt darin, bedeutende Gebote kritisch auszulegen, die dabei nicht relativiert, sondern verschärft und zugespitzt werden in Richtung auf ein Ethos der Liebe und Gegenseitigkeit. Dabei wird in der Auslegung auch eine Veränderung vorgenommen, die einleuchten muss, wenn sie nicht doch als willkürliche Abweichung erscheinen will. Entscheidend ist also, ob und wie in der Reduktion auf einen Kern die Grundlinien „des Gesetzes und der Propheten" wiedererkannt werden können.

Im Doppelgebot der Liebe, also dem Gebot, Gott zu lieben und seinen Nächsten wie sich selbst, wird die Vielzahl der Gebote und Weisungen auf die Beziehung zu Gott und die Beziehung zum Mitmenschen reduziert. Die Bergpredigt geht einen etwas anderen Weg: An ihrem Ende steht die Goldene Regel als Inbegriff guter Beziehungen zu den Mitmenschen (Matthäus 7,12). Die Beziehung zu Gott wird zuvor als persönliches Gebet im Verborgenen gefasst, das im Gegensatz zum öffentlichen Ritus steht (Matthäus 6,5–7). Auch nach der Bergpredigt besteht der Kern des göttlichen Gebots in der Gottesbeziehung und der guten Beziehung zu den Nächsten, und der Akzent liegt auf der Praxis des Gebets und dem uneigennützigen Tun oder Geben zugunsten des Nächsten. Auf beides werde ich noch zurückkommen.

Die Reduktion vieler Gebote oder Weisungen auf einen Kern hat, wenn sie gelingt, eine bedeutsame Konsequenz: Sie ermöglicht eine gute, dem Gebot Gottes entsprechende Lebensführung, auch wenn man kein Schriftgelehrter ist, der die Fülle der Tradition sicher beherrscht. In einem weiteren Schritt werden die Grundlinien der Ethik auch den Menschen zugänglich, die keinen Zugang zur zugrunde liegenden Tradition haben. Die Konzentration der Moral auf einen leicht verständlichen und universal gültigen Kern ist, mit anderen Worten, die Voraussetzung für die Entwicklung einer universalistischen Ethik.

2. Von Zorn, Rache und Hass Abstand nehmen

In der Bibel kommt das Gebot der Nächstenliebe zum ersten Mal im dritten Buch Mose zur Sprache: „Du sollst dich nicht rächen noch Zorn bewahren gegen die Kinder deines Volks. Du sollst deinen Nächsten lieben wie dich selbst. Ich bin der HERR." (3. Mose 19,18)[4]

Die Liebe zum Nächsten steht im Gegensatz zu Rache und Zorn. In den vorausgehenden Versen wird das der Liebe entgegengesetzte Verhalten ausführlicher beschrieben: Hass und Verleumdung, Bevorzugung oder Benachteiligung bei Gericht, Verfluchen, behinderten Menschen Hindernisse in den Weg legen – alle diese Regungen und Verhaltensweisen stehen im Raum, wenn im Kontrast dazu gefordert wird: Liebe deinen Nächsten wie dich selbst![5]

Es fällt auf, dass die Nächstenliebe nicht positiv, etwa als Sympathie oder Verbundenheit oder auch als Handeln im Interesse des Nächsten beschrieben wird, sondern in Abgrenzung zu und als Bändigung von Zorn, Hass, Rachegefühlen und einer Vielzahl destruktiver Verhaltensweisen, die offenbar unter „Nächsten" Realität sind. Mit den „Nächsten" sind alle Menschen gemeint, mit denen ich in meinem Umfeld zu tun habe, auch ohne besonders mit ihnen verbunden zu sein. Dazu zählen nach dem dritten Buch Mose auch die „Fremden" vor Ort. Ausdrücklich gilt das Gebot der Nächstenliebe nicht nur für die „Kinder deines Volkes" (3. Mose 19,33–34): „Wenn ein Fremdling bei euch wohnt in eurem Lande, den sollt ihr nicht bedrücken. Er soll bei euch wohnen wie ein Einheimischer unter euch, und du sollst ihn lieben wie dich selbst."

Zorn, Hass, Rachegefühle, destruktive Verhaltensweisen, die man modern vielleicht als „Mobbing" bezeichnen würde, sind Teil des Zusammenlebens. Gerade wenn man sich im Alltag nahekommt, entsteht nicht unbedingt Sympathie. Es gibt offenbar eine Vielzahl von Möglichkeiten, in Gegensatz zueinander zu geraten. Darunter sind persönliche Auseinandersetzungen und Rechtsstreitigkeiten, bei denen Hass und Rachegefühle einen Grund haben mögen. Aber auch die Verachtung und Ablehnung von behinderten Menschen, die niemandem etwas getan haben, sind dabei.

Das Gebot der Nächstenliebe ist vor diesem Hintergrund zu verstehen. Es zielt nicht auf eine über den

Niederungen des Alltags schwebende allgemeine Menschenliebe, sondern auf ein gutes Verhalten inmitten destruktiver Emotionen: Es fordert die Überwindung von Hass, Rachegefühlen, Ablehnung und Verachtung – und zwar nicht vom Gegenüber, sondern von mir selbst. Ein erster, durch den Kontext des Gebots angeleiteter Schritt besteht sicherlich darin, diese Emotionen und Haltungen bei sich zu entdecken, ein zweiter Schritt, sie als Problem anzuerkennen. In manchen Situationen sind solche Gedankenschritte eine Forderung der Klugheit, zum Beispiel, wenn ich mich in meinen Hass, meine Ablehnung eines anderen Menschen verrannt habe, so dass ein Zusammenleben gar nicht mehr möglich erscheint. Dann werden auch andere im Umfeld sich darum bemühen, die Spannungen zu verringern, zum Beispiel indem sie beide Seiten überreden, eine neutrale Instanz zu akzeptieren, vor der eine gewaltfreie Auseinandersetzung möglich ist. Daran ist im dritten Buch Mose gedacht: Statt sich womöglich selbst zu rächen, soll man sein Anliegen vor ein Gericht bringen (3. Mose 19,15.18), also eine unparteiische Instanz anerkennen und in Anspruch nehmen. Aber dieser Weg ist nur ein Teil der Lösung; der Hass, die Verachtung nehmen vielleicht gar nicht ab, auch wenn ein neutrales Urteil gesprochen und der wie immer geartete Konflikt äußerlich „gelöst" ist. Seinen Hass, seine Ablehnung sich einzugestehen und davon Abstand zu nehmen, umfasst mehr, als eine Konfliktmoderation leisten kann. Wenn man den eigenen Standpunkt verlässt und sich nur fragt, was im Interesse guter „Nachbarschaft" ist, dann liegt auf der Hand, dass Gefühle wie Hass und Rachebedürfnis, aber auch weniger emotionale starke Vorbehalte gegenüber Mitmenschen das Zusammenleben massiv stören.

Im dritten Buch Mose ist die Haltung der Nächstenliebe ein Gebot Gottes. Zur Bekräftigung des Gebots heißt es: „Ich bin der HERR". Das bedeutet, dass das gute Zusammenleben den Menschen von Gott geboten ist:[6] Die Perspektive jenseits der negativen Emotionen ist nicht nur ein Gedankenexperiment, das ich anstellen kann, zu dem mich meine Umgebung möglicherweise überredet, weil sie unter meinen Haltungen leidet. Sie ist eine Perspektive, zu der ich vom Schöpfer des Lebens angehalten bin. Das religiöse Gebot drängt den Zorn, die Rache, den Hass zur Seite, macht sie zu einer inakzeptablen Sicht der Mitmenschen und des Zusammenlebens, die überwunden werden muss.[7]

Während das Gebot der Nächstenliebe in den fünf Büchern Mose keine zentrale Stellung hat, sondern eines unter vielen Geboten ist, bekommt es im Neuen Testament eine besondere Bedeutung. Es wird – zusammen mit dem Gebot, Gott zu lieben – zum „großen" oder „ersten" Gebot erklärt (Matthäus 22,35–40).[8] In den Evangelien, aber auch in den übrigen Schriften des Neuen Testaments wird die Konzentration auf das Liebesgebot nicht ausführlich begründet.[9] Konnte man bereits auf einen Konsens über die überragende Bedeutung der Liebe bauen? Oder war die Betonung der Liebe – im

Kontrast zu anderen Normen und religiösen Vorschriften – ein besonderes „Programm" Jesu und seiner Anhänger?[10] Möglicherweise gab es auch ein verschärftes Problembewusstsein im Zusammenleben unterschiedlicher Menschen und Völker auf engem Raum. In einer heterogenen konfliktträchtigen Lebenssituation war die Forderung, von Zorn, Hass, Rachegefühlen, Ablehnung und Verachtung Abstand zu nehmen, sinnvoll, herausfordernd und eindrucksvoll.

Das ist auch der Tenor des „Hohen Lieds der Liebe", eines poetischen Textes, den der Apostel Paulus im ersten Brief an die Korinther vorträgt (1 Korinther 13).[11] In dem kunstvollen Text wird die Liebe als die größte und notwendigste Gabe gepriesen, ohne die alles andere nichts wäre. Und dann wird erklärt, was Liebe ist (1 Korinther 13,4–7):

> „Die Liebe ist langmütig und freundlich, die Liebe eifert nicht, die Liebe treibt nicht Mutwillen, sie bläht sich nicht auf, sie verhält sich nicht ungehörig, sie sucht nicht das Ihre, sie lässt sich nicht erbittern, sie rechnet das Böse nicht zu, sie freut sich nicht über die Ungerechtigkeit, sie freut sich aber an der Wahrheit; sie erträgt alles, sie glaubt alles, sie hofft alles, sie duldet alles."

Auch wenn der Ton ein ganz anderer ist als im dritten Buch Mose, ist hier ebenso destruktive Emotionalität im Konflikt als Ausgangspunkt der Darstellung zu erkennen. Diesen destruktiven Verhaltensweisen werden als Eigenschaften der Liebe Freundlichkeit, Duldsamkeit und Freude an der Wahrheit gegenübergestellt. Die positive Seite der Liebe wird wesentlich in einem Konfliktverhalten ohne destruktive Aggressivität gesehen.

Wenn er diese Zeilen schreibt, hat Paulus Konflikte innerhalb der neu gebildeten christlichen Gemeinschaft in Korinth vor Augen: Konflikte innerhalb einer Gemeinschaft, die sich freiwillig und mit einem gemeinsamen Thema zusammengefunden hat. Diese Konflikte betreffen Glaubensfragen, aber auch praktische Fragen des Zusammenlebens und die unterschiedliche Lebensführung der Beteiligten. Auch in einer sehr bewussten und hochmotivierten Gemeinschaft müssen negative Emotionen und Haltungen bewältigt werden.

Dies gilt sogar, wenn sich die Gemeinschaft ausdrücklich als Gemeinschaft der wechselseitigen Liebe versteht, wie dies im Umkreis des Johannesevangeliums und der Johannesbriefe der Fall ist. Der Gedanke wechselseitiger Liebe wird in der Bibel besonders in diesen mit dem Namen „Johannes" verbundenen Schriften entfaltet: Jesus hat mit der Botschaft von der Liebe Gottes eine Gemeinschaft von Jüngern und Jüngerinnen gestiftet, die sich in Liebe begegnen und wechselseitig unterstützen.[12] Auf den ersten Blick könnte man nun vermuten, dass die Beziehungen innerhalb einer solchen Gemeinschaft von ganz anderer Art wären als die Beziehungen unter Menschen, die sich nicht ausdrücklich zur wechselseitigen Liebe bekennen. Doch ist das Gegenteil der Fall: Das ethische Problem der Gemeinschaft, an die der erste Johannesbrief gerichtet ist, ist wechselseitiger *Hass* (1 Johannes 2,7–11). Deshalb wird im Brief nicht nur an das „alte Gebot" der Nächstenliebe, sondern auch an die Geschichte von Kain und Abel erinnert, in der der Hass zwischen Brüdern zum Mord führt. Die Gründe für die Konflikte sind unterschiedliche Auffassungen über den Glauben, das aus ihm folgende Leben usw. Die geforderte wechselseitige Liebe besteht also wesentlich darin, mit unterschiedlichen Überzeugungen, Ausdrucks- und Lebensweisen zurechtzukommen. Die Konflikte haben zum Teil deshalb eine große Schärfe, weil es in ihnen nicht nur um einen befriedeten Alltag auf Distanz geht, sondern um nahe Beziehungen und „letzte Wahrheiten", bei denen keiner leicht nachgeben kann.

Bei der Auseinandersetzung mit gruppeninternen Konflikten bleiben die neutestamentlichen Schriften allerdings nicht stehen, sondern gehen vielmehr den nächsten Gedankenschritt hin zum konstruktiven Umgang mit einer feindlichen Umgebung, der in der christlichen Tradition „Feindesliebe" genannt wird. In der Bergpredigt heißt es: „Liebt eure Feinde und bittet für die, die euch verfolgen" (Matthäus 5,43). Feindesliebe ist Nächstenliebe in einer zugespitzten Situation: Auseinandersetzungen und Abgrenzungen haben sich zur Feindschaft verfestigt.[13] In der Bergpredigt wird an zwei Beispielen anschaulich, worum es dabei gehen kann: um symbolische Demütigungen (die Ohrfeige in der Öffentlichkeit), um rechtliche Auseinandersetzung bzw. Zwang, dem man nicht ausweichen kann (Matthäus 5,39–41).

In der älteren christlichen Literatur wird das Verhältnis von Nächsten- und Feindesliebe gelegentlich so dargestellt, als habe erst das Christentum die Feindesliebe entdeckt, nachdem man zuvor den Kreis enger gezogen und Feinde ausgeschlossen habe. Diese manchmal polemisch gegen die jüdische Ethik gewandte Deutung trägt in die Auslegung die Unterscheidung zwischen einem inneren Kreis von erklärten „Nächsten" und einem äußeren Kreis von erklärten „Feinden" voraus, die zu hinterfragen ist. Schon das Gebot der Nächstenliebe bezieht sich auf Konflikte und die in ihnen entstehenden destruktiven Emotionen. Und typischerweise treten Konflikte auf, wenn sich Menschen im Alltag nahe- und in die Quere kommen. Insofern ist die Vorstellung eines vertrauten inneren Kreises von „Nächsten" umgeben von erklärten äußeren „Feinden" irreführend. Die Forderung der „Feindesliebe" ist nichts grundlegend anderes als eine konsequente Auslegung des Gebots der Nächstenliebe; sie bezieht das Gebot auf Lebenssituationen, in denen sich Auseinandersetzungen und Abgrenzungen zu Feindschaft verfestigt haben.[14]

3. Die Goldene Regel in der Auslegung der Bergpredigt

„Alles nun, was ihr wollt, dass euch die Leute tun sollen, das tut ihr ihnen auch! Das ist das Gesetz und die Propheten" (Matthäus 7,12). So wie an anderer Stelle im Neuen Testament das Liebesgebot als Inbegriff aller Gebote erscheint, so wird am Schluss der Bergpredigt die so genannte Goldene Regel zuspitzend als Grundgedanke biblischer Ethik vorgestellt.[15]

Die Goldene Regel hat viele Parallelen in Schriften der griechisch-römischen Antike, im Vorderen Orient, aber auch in anderen Kulturkreisen.[16] In der christlichen Tradition wird sie schon früh als Kern einer allen Menschen einsichtigen, „natürlichen" Moral angesehen. In der neuzeitlichen Philosophie des Westens ist die Idee eines religionsunabhängigen Kerns der Moral seit den innerchristlichen Religionskriegen betont worden.

Bei näherem Hinsehen zeigt sich allerdings, dass es nicht *eine* Goldene Regel gibt, sondern viele Varianten und Facetten einer Denkfigur, die in unterschiedlichen Zusammenhängen Verschiedenes bedeuten kann.[17] Aus der großen Verbreitung der Denkfigur kann man also kein „natürliches", in vielen oder gar allen Kulturen verankertes, selbst-evidentes Moralprinzip ableiten, aber eine sehr weit verbreitete Form der Reflexion über wechselseitige Verpflichtungen.

In der Bergpredigt und der parallelen Überlieferung des Lukasevangeliums (der „Feldrede") steht die Goldene Regel in Verbindung mit dem Liebesgebot:[18] Es ist der Nächste oder sogar der Feind, zu dem ich mich in Anwendung der Goldenen Regel ins Verhältnis setze, um anschließend etwas zu *tun*, das sich aus dieser Reflexion ergibt.

Die Goldene Regel leitet dazu an, sich in Gedanken *an die Stelle anderer Menschen zu versetzen* und daraus Folgerungen für das eigene Tun abzuleiten: Indem ich mich an die Stelle der „Leute" versetze, mit denen ich zu tun habe, mache ich mir klar, wie ich an ihrer Stelle auf mein Verhalten reagieren würde. Das Hineinversetzen in das Gegenüber kann sich auf zwei verschiedene Ebenen beziehen: Erstens kann ich mir überlegen, was meine *Wünsche* und *Bedürfnisse* wären, wenn ich an ihrer Stelle wäre und von meinem Verhalten betroffen wäre. Dabei werde ich die Wünsche und Interessen der anderen Person nicht ganz zutreffend erfassen; sie hat vielleicht andere Wünsche und Bedürfnisse als ich, selbst wenn ich mich in ihre Lage versetze. Eine strikt auf die eigenen Wünsche und Bedürfnisse beschränkte Anwendung der Goldenen Regel würde mir also nur sagen, was *ich* an der Stelle der anderen Person erwarten würde. So könnte ich zum Beispiel anderen Menschen Geschenke machen, dir *mir* besonders große Freude machen würden – ohne zu überlegen, ob dies auch *ihren* Wünschen und Bedürfnissen entspricht. Gemeint ist im Zusammenhang der Bergpredigt wohl aber mehr, nämlich ein Hineinversetzen in die Position der anderen Menschen mit dem Ziel, ihre (von mir vermuteten) Wünsche und Bedürfnisse zu berücksichtigen. Insofern kann man sagen, dass die Goldene Regel dazu anleitet, sich in andere Menschen einzufühlen.[19] Allerdings ist dabei die Fähigkeit zur Empathie vorausgesetzt.

Zweitens kann ich mich fragen, wie mein Gegenüber *mein Verhalten beurteilen* würde. Dabei geht es nicht vorrangig darum, ob es seinen bzw. ihren Wünschen und Bedürfnissen entspricht, sondern um die *Bewertung* meines Verhaltens aus der Perspektive der anderen Person. Wieder bin es *ich,* der ich das eigene Verhalten aus der von mir eingenommenen anderen Perspektive beurteile. Typische Gesichtspunkte auf dieser Ebene sind z. B., ob ich mich so verhalte, wie ich es von anderen verlange und ob mein Verhalten meinen Worten entspricht. Auf der Ebene der Beurteilung des Verhaltens dient die Anwendung der Goldenen Regel dazu, zu prüfen, ob ich an mein eigenes Verhalten denselben Maßstab anlege wie bei der Beurteilung anderer Menschen. Die Anwendung der Goldenen Regel drängt also auf *Unparteilichkeit* bei der Bewertung des eigenen Verhaltens bzw. zu einem Verhalten, das einer unparteilichen Bewertung standhält.[20]

Wenn man sich auf der einen oder anderen Ebene in ein Gegenüber hineinversetzt, stellt sich auch die Frage, ob er oder sie ebenfalls bereit ist, sich in *meine* Lage hineinzuversetzen und dies in seinem oder ihrem Verhalten zu berücksichtigen. Je nachdem, wie man die Frage nach der *Gegenseitigkeit* stellt und beantwortet, erhält die Goldene Regel einen unterschiedlichen moralischen Stellenwert. Sie kann als vormoralische *Klugheitsregel* verstanden werden, wenn ich das Anliegen meines Gegenübers berücksichtige, *damit* er mir entgegenkommt. Sie kann zum *reziproken Altruismus* anleiten, also zu der Bereitschaft, das Anliegen des Anderen auch ohne eine konkrete Gegenleistung aufzugreifen, verbunden aber mit der Erwartung, bei anderer Gelegenheit vom Altruismus anderer zu profitieren.[21] Sie kann aber auch im Sinne eines *unbedingten Altruismus* verstanden werden, der sich das Anliegen des Gegenübers über den Perspektivwechsel unmittelbar zu eigen macht.

In der Bergpredigt und noch etwas pointierter in der weniger bekannten parallelen Überlieferung im Lukasevangelium („Feldrede") finden sich unterschiedliche Überlegungen, die auf einen unbedingten Altruismus hinauslaufen, ohne jedoch den Horizont der Gegenseitigkeit ganz zu verlassen. In der „Feldrede" (Lukas 6,27–38) wird zunächst eine alltägliche, beschränkte Form der Gegenseitigkeit beschrieben, wie sie auch „Sünder" praktizieren.[22] Als Beispiel wird das Leihen von Geld genannt, das unter der Voraussetzung erfolgt, dass ich das Geld zurückbekomme. Nicht nur das Verleihen von Geld, sondern auch die wechselseitige Liebe gehören nach der Feldrede zu dieser beschränkten Moral, sofern ich die andere Person nur unter der Voraussetzung liebe, dass sie mich auch liebt. Hier ist das Entgegenkommen, das Leihen, die Unterstützung, die Liebe daran geknüpft, dass ich zurückbekomme, was ich einsetze. Von dieser Alltagsmoral wird eine andere Form der Gegenseitigkeit unterschieden, in der es darauf ankommt, Gutes zu tun, zu leihen, zu lieben usw. ohne die sichere Erwartung einer direkten und angemessenen Gegengabe.

Das so angeleitete altruistische Verhalten verlässt den Horizont der Gegenseitigkeit nicht ganz. Zwar verzichten diejenigen, die uneigennützig Gutes tun, darauf, dass eine angemessene *Erwiderung* durch die Umstände des Handelns *garantiert* ist. Der Grundsatz der Gegenseitigkeit wird dadurch aber nicht außer Kraft gesetzt. Das uneigennützige Verhalten löst Resonanz aus. Zwar erhalte ich möglicherweise nichts zurück, aber die Gabe wird gewissermaßen weitergereicht. Oder sie ist ein Vorbild für andere, ebenfalls ohne die Aussicht auf direkte Erwiderung anderen Menschen entgegenzukommen. Das einseitige Entgegenkommen kann also weiterhin mit der Erwartung verbunden sein, dass Menschen, die etwas Gutes geben, auch etwas Gutes empfangen. Diese Erwartung wird sogar unterstrichen: „Gebt, so wird euch gegeben. Ein volles, gedrücktes, gerütteltes und überfließendes Maß wird man in euren Schoß geben; denn eben mit dem Maß, mit dem ihr messt, wird man euch zumessen." (Lukas 6,38)[23]

Die Goldene Regel ist in der Bergpredigt *positiv* formuliert – anders als zum Beispiel in dem deutschen Sprichwort „Was du *nicht* willst, das man dir tu', das füg auch keinem anderen zu". Macht es einen Unterschied, ob ich im Interesse des Gegenübers etwas tun oder nur unterlassen soll, was ich an seiner Stelle nicht wollen würde? Die negative Fassung der Goldenen Regel verlangt anscheinend weniger als die positive: Ich darf anderen Menschen nicht schaden, muss aber nichts aktiv tun, was in ihrem Interesse wäre. Und zugleich scheint die Forderung, anderen nicht zu schaden, schwerer zu wiegen.

Ob im Hineinversetzen in das Gegenüber das Nicht-Schaden oder eher das positive Tun mehr Gewicht hat, das hängt davon ab, welche Erwartungen ich an das Zusammenleben mit anderen habe. Wenn ich vor allem damit rechne, dass mir Schaden zugefügt werden könnte und ich mir wenig Positives von anderen Menschen verspreche, dann bringt mich die Goldene Regel dazu, andere Menschen in Ruhe zu lassen und sie in ihrem Leben nicht zu stören. Wenn ich hingegen darauf angewiesen bin, dass andere mit mir zusammenarbeiten, mir zur Seite stehen und mir in Notfällen uneigennützig helfen, dann folgt aus der Goldenen Regel für mich, dass ich anderen entsprechend positiv zur Seite stehen muss. Der Unterschied zwischen dem Nicht-Schaden und dem aktiven Tun zugunsten des Anderen ist also nicht absolut zu setzen. Allerdings wird mit der positiven Formulierung der Goldenen Regel in der Bergpredigt der Akzent auf das positive Tun gelegt. Und offenbar wird die Möglichkeit, dass ich einem Mitmenschen schaden, ihn oder sie verletzen könnte, gar nicht ernsthaft in Betracht gezogen.[24] Aus dem Zusammenhang ist übrigens erkennbar, dass es nicht um jedes beliebige Anliegen eines Gegenübers geht, sondern um Grundbedürfnisse, ein Stück Brot oder Fisch, das Öffnen einer Tür, die Bewirtung eines unerwarteten Gastes (vgl. Matthäus 7,9–11) – etwas, um das mich ein Gegenüber *bitten* würde.[25]

Das, was ich bisher als Gegenüber bezeichnet habe, wird in der Goldenen Regel als „die Leute" oder „Menschen" *(anthropoi)* angesprochen. Der Kreis derer, zu denen ich mich ins Verhältnis setzen soll, wird also nicht beschränkt auf einen engeren Kreis von Menschen mit bestimmten Merkmalen. Aus der modernen Perspektive einer universalistischen Moral scheint es eine Selbstverständlichkeit, dass ich jeden anderen Menschen als mir gleichrangig ansehe. Aber dieser universale humane Horizont versteht sich eben nicht von selbst, er muss erst erreicht werden. Im nächsten Abschnitt komme ich deshalb auf die Frage nach der *Möglichkeit* eines Grenzen überschreitenden Altruismus zurück.

Es ist nun der Punkt erreicht, an dem ich die oben genannten Aspekte zusammenfügen kann. In der Bergpredigt wird die Goldene Regel, wie an anderer Stelle das Liebesgebot, als „das Gesetz und die Propheten" bezeichnet. Gefordert ist ein praktisches Tun, das berücksichtigt, worum mich ein unbestimmter Nächster bittet oder bitten könnte. Die angestrebte „bessere" Moral nimmt Bezug auf eine auch von „Sündern" oder „Heiden" anerkannte Alltagsmoral und stößt sich dann kritisch von ihr ab.

Die Alltagsmoral verpflichtet mich in vielen Lebenssituationen dazu, Anliegen meiner Mitmenschen zu berücksichtigen. Die in der Bergpredigt genannten Beispiele reichen von der Fürsorge für die Kinder, über die wechselseitige Liebe, über die Nachbarschaftshilfe bis zum Leihen von Geld zu vereinbarten Konditionen. In allen diesen Fällen ist mehr oder minder explizit festgelegt, dass und wie mein Tun oder Geben erwidert wird. Insofern ergibt sich die Verpflichtung zum Tun oder Geben aus dem Grundsatz der Gegenseitigkeit. Und das Ins-Verhältnis-Setzen zum Gegenüber ist gewissermaßen der Kompass, an dem sich beide Seiten (möglicherweise zu verschiedenen Zeiten) orientieren.

Über diese Alltagsmoral soll man nun hinausgehen in Richtung auf ein Tun und Geben, das nicht mehr eine direkte Erwiderung voraussetzt. Vielleicht kann man sich Schritte in diese Richtung so vorstellen: Im familiären Umfeld, aber auch in einer vertraglich geregelten Situation ist die wechselseitige Verpflichtung zum Tun und Geben besonders klar umrissen: Alle Beteiligten wissen, wozu sie wechselseitig verpflichtet sind. Von diesen klar geregelten Verhältnissen führt ein Schritt weiter zum Tun und Geben unter Menschen, die nicht so stark miteinander verbunden sind: Unter Freunden und Bekannten oder Menschen, die sich einmal begegnet sind, ist es weniger klar, ob mein Tun und Geben angemessen erwidert wird. Aber trotzdem kann ich mich in ihre Lage versetzen und empfinde es unter Umständen als sinnvoll, eines ihrer Anliegen in meinem Tun zu berücksichtigen – auch wenn eine Erwiderung ihrerseits in weiter Ferne liegt. Nach der Bergpredigt soll ich nun noch einen weiteren

Schritt aus einer geregelten Gegenseitigkeit treten und mich auch in Menschen hineinversetzen, mit denen ich nicht persönlich verbunden bin. Wenn ich ihre Anliegen, ihre Grundbedürfnisse in meinem Tun berücksichtige, spielt eine konkrete Erwiderung ihrerseits keine Rolle. Das Thema der gegenseitigen Verpflichtung unter Menschen bleibt aber am Horizont sichtbar, nämlich als Ideal des Zusammenlebens, in dem Menschen ohne weiteres die Anliegen ihrer Mitmenschen berücksichtigen, aber ebenso freimütig ihre Anliegen in der Form der *Bitte* artikulieren. Auf die Bedeutung der Bitte werde ich noch zurückkommen; an dieser Stelle sei nur darauf hingewiesen, dass das *Geben* ohne Erwartung einer Gegenleistung (die gegenüber der Alltagsmoral „bessere" Moral) und das freimütige *Bitten*, das in der Bergpredigt empfohlen wird, zwei Seiten einer Medaille sind, nämlich eines Zusammenlebens, in dem ohne weiteres gebeten werden kann, weil ohne weiteres gegeben wird.

Durch die Einbeziehung der Goldenen Regel wird das Liebesgebot reflektierend vertieft. Im letzten Abschnitt hatten wir gesehen, dass das Grundthema des Liebesgebotes die Auseinandersetzung mit und Bändigung von konfliktbezogenen Affekten gegenüber dem Nächsten ist. Es wird in der Auslegung des Liebesgebotes aber wenig darüber gesagt, wie ich Zorn, Eifersucht, Rivalität, Hass bändigen oder überwinden könnte. Die Reflexion mithilfe der Goldenen Regel führt hier weiter zu Empathie und Selbstkritik. Im Ins-Verhältnis-Setzen zu meinem Gegenüber ahne ich, was seine wesentlichen Anliegen sind, und sehe mein Verhalten gewissermaßen von außen. Diese Einsicht *soll* – unter der Voraussetzung, dass dies die göttliche Weisung ist – zu einem praktischen *Tun* führen.

4. Mitleid und die Möglichkeit des Altruismus

Zur Nächstenliebe gehört die Bereitschaft, anderen Menschen zu helfen. Das ist für das moderne Bewusstsein sogar der Kern der Nächstenliebe.[26] Einer der Grundtexte für dieses Verständnis der Nächstenliebe ist das Gleichnis vom barmherzigen Samariter (Lukas 10,25–37). Zwar sind auch in dieser Erzählung latente Konflikte im Hintergrund erkennbar, die in Liebe überwunden werden: Der Samariter ist Angehöriger einer abgelehnten religiösen Minderheit. Aber im Mittelpunkt steht das Verhalten angesichts einer drängenden Notlage.[27]

Ein Mann liegt ausgeraubt und verletzt auf der Straße – und erfährt Hilfe nicht von vorbeigehenden religiösen Amtspersonen, sondern von einem Angehörigen der verachteten Minderheit der Samariter. Der Samariter hat Mitleid mit dem verletzten Unbekannten, verbindet seine Wunden und bringt ihn in eine Herberge, wo er sich ausruhen kann. Dieses Verhalten erscheint als Vorbild der Nächstenliebe.

Das Gleichnis führt an zwei Punkten über das bisher untersuchte Verständnis der Nächstenliebe hinaus:

Den Nächsten lieben, das heißt offenbar nicht nur, ihn als Menschen wie mich selbst anzusehen und die eigenen konfliktbezogenen Affekte (Zorn, Hass usw.) zu zügeln, sondern auch, ihm in Not mit konkreter Hilfe zur Seite zu treten, und zwar auch, wenn er mir unbekannt oder fremd ist.

Als emotionale Grundlage dieses vertieften Verständnisses von Nächstenliebe erscheint das spontane *Mitleid*, das nicht an sozialen, kulturellen oder religiösen Grenzen Halt macht.[28] Dieses Mitleid und das daraus folgende Handeln wird am Ende des Gleichnisses als erstrebenswerte Haltung gefasst: Statt zu fragen, wer mein Nächster ist – so die Pointe –, soll ich darüber nachdenken, wie ich anderen Menschen ein Nächster, also ein guter Nachbar werde. Und die Antwort liegt auf der Hand: Offenkundig dadurch, dass ich mein Herz für das Leid anderer Menschen öffne und ihnen helfe.

In der Moderne ist grundsätzlich zwischen dem Handeln aus Mitleid und dem Handeln nach Prinzipien unterschieden worden: Mitleid sei ein Gefühlszustand, den man nicht verordnen könne, und insofern könne es nicht die Grundlage einer allgemein gültigen Moral sein.[29] Auf dieser Linie ist auch das Liebes*gebot* vom Mitleid unterschieden und im Sinne eines Gebots der Hilfe oder Wohltätigkeit interpretiert worden.

Das Gleichnis vom barmherzigen Samariter stellt jedoch eine Beziehung zwischen dem Mitleid und der gebotenen Liebe her: Das Handeln aus Mitleid macht verständlich, wie es *möglich und sinnvoll* ist, einem unbekannten Fremden zu helfen, der gar nicht zu der Gruppe gehört, auf die sich die eigene Moral primär bezieht. Das Gleichnis stellt also die *Möglichkeit altruistischen Handelns* dar, die dann als Praxis der Barmherzigkeit zu einem Bestandteil unseres Verständnisses von Nächsten- und Feindesliebe geworden ist. Die *Praxis der Barmherzigkeit*[30] geschieht nicht immer aus spontanem Mitleid, aber sie orientiert sich an dem, was im Mitleid als notwendig angesehen wird.

5. Praxis der Barmherzigkeit

Die klassische Anleitung zu barmherzigem Handeln ist die Erzählung vom kommenden Weltgericht (Matthäus 25,31–46): Der „Menschensohn", eine von Gott autorisierte Figur, wird die Menschen nach ihrem Handeln beurteilen; in christlicher Auslegung ist das Christus, der zum Gericht wiederkommt.[31] Dabei geht es um die Hilfe für Menschen in existenzieller Not, nämlich Hunger, Durst, Krankheit, Nacktheit, Fremdheit und Gefangenschaft. Der Menschensohn beurteilt die Menschen danach, ob sie Hunger und Durst gestillt, Kleidung gegeben, Fremde aufgenommen und Kranke und Gefangene besucht haben. Mit diesen auf Barmherzigkeit angewiesenen Menschen identifiziert sich der Menschensohn: „Was ihr meinen geringsten Brüdern getan habt, das habt ihr mir getan." (Matthäus 25,40) Die Identifikation des Menschensohns mit den am Rande stehenden und verletzten Menschen gibt dem sozialen Handeln zugunsten der Bedürftigen und Ausgestoßenen eine herausgehobene ethische und existenzielle Bedeutung. Denn – so die Erzählung – nur wer Hilfe und Zuwendung gewährt hat, wird am künftigen Reich teilhaben und ewig leben. Die Pointe der Erzählung ist, dass die Menschen, die geholfen oder nicht geholfen haben, nicht wussten, mit wem sie es zu tun hatten: Sie haben in den Menschen, denen sie beistanden, nicht denjenigen erkannt, der nun entsprechend ihrem Handeln über ihr Geschick entscheidet.

In der kirchlichen Tradition hat man diese Fürsorgeaufgaben als sieben Werke der Barmherzigkeit angesehen – für die symbolische Siebenzahl wurde die Bestattung von Toten ohne Angehörige hinzugefügt. Ähnlich wie im Gleichnis vom barmherzigen Samariter wird hier altruistisches Handeln als vorbildlich dargestellt. Die Erzählung spielt dabei mit dem Gedanken eines himmlischen Lohns, den die Praxis der Barmherzigkeit verdient. Dadurch, dass die Beteiligten nicht wissen, wem sie Gutes tun, wird der religiöse Lohngedanke durchbrochen: Sie handeln nicht, um sich himmlischen Lohn zu verdienen, dieser wird ihnen zuteil, ohne dass sie damit gerechnet hätten.

Bevor wir die Linie eines *universalen Altruismus* weiter reflektieren, für den die Erzählung nach allgemeinem Verständnis steht, sei eine andere, engere Interpretation einbezogen.[32] Nach der engeren Lesart geht es konkret darum, dass die „Brüder" unterstützt und angenommen werden, die als Nachfolger Jesu und Träger seiner Botschaft in Armut und Ausgrenzung leben und in Gefangenschaft geraten. Unter dieser Voraussetzung ist die Identifikation des Menschensohns/Königs leichter nachvollziehbar: Er identifiziert sich mit denen, die seine Botschaft weitertragen und sein Schicksal teilen. Und die ethische Pointe ist – begrenzter und pragmatischer – die Mahnung an die Hörer der Botschaft, die in Not und Gefahr lebenden Boten aufzunehmen und zu versorgen. Die engere Interpretation hilft, wenn man verstehen will, wie sich der ethische Horizont einer sich neu bildenden Gemeinschaft (der Nachfolger Jesu, der frühen Christen) weitet. Diese Gemeinschaft hat „Brüder" jenseits familiärer und nachbarschaftlicher Bindungen.

Die universalistische Interpretation der prophetischen Erzählung vom Weltgericht erweitert den Horizont: Der Menschensohn/König stellt sich an die Seite *jedes* Menschen, der von existenzieller Not und Ausgrenzung bedroht ist. Die weitere Interpretation ist geleitet vom Verständnis der Gerechtigkeit Gottes, wie es die prophetische Tradition des Alten Testaments entwickelt hat: Danach ist es ein wesentliches Merkmal der Gerechtigkeit Gottes, dass die Armen zu ihrem Recht kommen. Und in diesem Zusammenhang geht es nicht um eine besondere Gruppe, sondern um die Lebenslagen der Armut: um die sprichwörtlichen Witwen und Waisen, um Schuldknechtschaft, um Menschen, die um ihre Existenz gebracht sind. So wie nach den Prophetenworten

Gottes Gerechtigkeit den Armen Recht zuspricht, so stellt Jesus sich symbolisch an ihre Stelle und misst das Verhalten gegenüber den Armen, Ausgestoßenen und Gefangenen aus ihrer Perspektive. Spricht die prophetische Kritik die Institutionen – den König, den Tempel und die entsprechenden Würdenträger und Inhaber von Rechten – an, so wendet sich die Erzählung vom Weltgericht an jedermann. Jeder muss sich daran messen lassen, ob er den Armen, Ausgestoßenen und Gefangenen geholfen hat.

Wenn das Gleichnis vom barmherzigen Samariter die *Möglichkeit altruistischen Handelns* über konventionelle Grenzen hinweg anschaulich macht, dann geht es in der Erzählung vom Weltgericht um die *Notwendigkeit* altruistischen Handelns.

In der kirchlichen Tradition hat man die *Werke* der Barmherzigkeit auf die (individuelle) Tugend der Barmherzigkeit zurückgeführt, in der sich Christen üben sollen. Nach der – in der antiken Philosophie ausgearbeiteten – Tradition der Tugendethik kommt es darauf an, richtiges Verhalten einzuüben und auch die eigenen Handlungsmotive auf Dauer zu verändern.[33] Für die Werke der Barmherzigkeit muss man sich also mit der Situation der Menschen in Not und Verfolgung auseinandersetzen und ihnen im eigenen Handeln möglichst weit entgegengehen.

Im Alltag des Lebens stößt man dabei auf verschiedene innere und äußere Grenzen: Sie ergeben sich aus der sozialen Einbindung in Familie, Nachbarschaft, am

Arbeitsplatz usw. Aus diesen Beziehungen ergeben sich zahlreiche Verpflichtungen, die im Ergebnis dazu führen, dass ich nur selten an ausgegrenzte und verfolgte Menschen denke, geschweige denn ihnen begegne und beistehe. Aber möglicherweise weiß ich auch gar nicht, was ich tun könnte, bzw. bin gar nicht in der Lage, ins Handeln zu kommen. Insofern greift die individuelle Perspektive zu kurz: Zwar wünsche ich mir, ein Mensch zu sein, der altruistisch handelt, aber ich bin allein oft nicht in der Lage, in diesem Sinne wirksam zu handeln.

Deshalb werden in langer historischer Tradition die Werke der Barmherzigkeit heute typischerweise *gemeinsam* getan: Die Kleiderkammer, die Tafel, der Besuchsdienst im Krankenhaus oder Gefängnis sind Aktivitäten, zu denen sich Menschen zusammenfinden. Durch die gemeinsame Praxis kommt das uneigennützige Handeln zugunsten anderer Menschen aus der Sphäre des außergewöhnlichen und heroischen Handelns in die Reichweite „normaler" Menschen: Einmal erhöht sich die Wirksamkeit und Kontinuität des Handelns, aber auch die Motivlage ändert sich: Das Handeln zugunsten anderer Menschen wird eingebettet in ganz alltägliche Motive sozialen Handelns. Ich beteilige mich beim Besuchsdienst, weil ich dabei mit Gleichgesinnten unterwegs bin, meine Ängste vor dem Krankenhaus oder Gefängnis überwinde, mich fortbilde, Anerkennung spüre usw. Das gemeinsame Handeln ist altruistisch, obwohl die beteiligten Personen sich zwar in der Ausrichtung und den Grundsätzen des Handelns einig sind, aber aus einem Bündel unterschiedlicher persönlicher Motive beteiligt sind.

Ich bin bei der Interpretation der berühmten Erzählung in den letzten beiden Absätzen unvermittelt in die *moderne Praxis der Nächstenliebe* übergegangen, auf die ich in Kapitel III noch zurückkomme.

6. Nächstenliebe auf Distanz

In den bisher betrachteten neutestamentlichen Deutungen der Nächstenliebe geht es immer um Verhalten gegenüber Menschen, die mir tatsächlich begegnen – d. h. um Nächstenliebe im konkreten Sinn der Nähe. Soweit ich sehe, wird dieser konkrete Zusammenhang in den biblischen Texten, die tatsächlich von Nächstenliebe sprechen, auch nicht verlassen. Aber es gibt Gedankenschritte, die über den Raum der konkreten Auseinandersetzung oder Hilfe in der Nähe hinausweisen.

Die Erzählung vom barmherzigen Samariter beginnt mit der Frage „Wer ist mein Nächster?" (Lukas 10,29) – und die Erzählung erweitert den Kreis der Nächsten um den am Wegrand liegenden fremden Menschen. Sie endet mit einem Wortspiel, das diesen Horizont noch einmal erweitert: „Wer von diesen dreien, meinst du, ist der Nächste geworden dem, der unter die Räuber gefallen war?" (Lukas 10,36) Mit dieser Frage wird die Beschränkung des Gebots der Nächstenliebe auf das eigene Umfeld, den normalen Horizont des eigenen Handelns aufgelöst. Das über den eigenen praktischen Horizont hinausgehende „Tun der Barmherzigkeit" (Lukas 10,37) ist in den Sinn der Nächstenliebe aufgenommen worden.

Für die Werke der Barmherzigkeit, die in der Erzählung vom Weltgericht (Matthäus 25,31–46) ihre klassische literarische Wurzel haben, gehen die Handelnden zu denen hin, denen sie beistehen. Sie reagieren nicht nur auf eine Notlage in ihrer unmittelbaren Nähe, sondern suchen Menschen in Not auf.

Einen weiteren Schritt über den Raum der Nähe hinaus stellt das Sammeln und Übergeben von Geld für Menschen in der Ferne dar, das im Neuen Testament vor allem von Paulus begründet wird. In diesem Erweiterungsschritt ist zwar von Liebe, aber nicht von Nächsten die Rede (2 Korinther 8,7.24). Erst die spätere christliche Praxis stellt diese gedankliche Verbindung her: Der Nächste kann auch ein ferner Nächster sein.

Der Prototyp der christlichen Kollekte für Menschen in der Ferne ist die Sammlung für die mittellose Gemeinde in Jerusalem. Der Apostel Paulus hat das Sammeln der Kollekte als eine persönliche Aufgabe angesehen und er reflektiert ihre wesentlichen Aspekte im zweiten Korintherbrief, Kapitel 8–9.[34] Es handelt sich um eine kontinuierliche Sammlung von Geld in den Gemeinden Kleinasiens für die Armen in der Jerusalemer Gemeinde, deren Bedürftigkeit den Gebenden vom Hörensagen bekannt ist. Während der barmherzige Samariter persönlich auf eine konkrete Notlage reagiert, werden die Geber der Kollekte von einem Dritten angesprochen. Sie lassen sich ansprechen, legen offenbar regelmäßig Geld zurück und vertrauen ihre Gaben einem Boten an. Was genau mit dem Geld geschieht, werden sie wohl nicht erfahren haben.

Das Geben auf Distanz muss natürlich begründet werden: Paulus spricht in seinem „Kollektenbrief" von einer *Notlage* der Jerusalemer Gemeinde, die durch Geld gemildert werden kann. Daneben gibt es aber noch wenigstens zwei weitere Ziele: Die Kollekte soll zu einem *Ausgleich* zwischen reich und arm beitragen; das Geben ist außerdem ein Mittel, um *Verbundenheit* mit den Empfängern herzustellen – und das ist auch dann für Menschen wichtig, wenn sie selbst nur über wenig Mittel verfügen.

Die Gedanken des Ausgleichs und der Verbundenheit setzen voraus, dass das Geben und Nehmen innerhalb einer Gemeinschaft stattfindet (2 Korinther 9,13). Im Fall der Kollekte für die Jerusalemer Gemeinde darf man sich nicht eine fest gefügte überregionale Gemeinschaft mit klaren Mitgliedschaftsverhältnissen und Beitragspflichten vorstellen. Zwar weiß man voneinander, sendet und empfängt Boten und Botschaften, aber die Verbundenheit mit den fernen Menschen kommt wesentlich durch die Gabe zustande: Bei der Übergabe wird den Adressaten mitgeteilt, dass Menschen anderswo an sie gedacht haben und um ihr Wohl bemüht sind. Für die Empfänger liegt der Sinne der Gabe darin, dass anderswo Menschen sie als Menschen mit Bedürfnissen anerkennen. Auch für die Gebenden geht es um Anerkennung und Wertschätzung (2 Korinther 9,13). Für Paulus ist wichtig, dass die Gabe *Gleichheit* herstellt und nicht etwa ein Gefälle zwischen Gebenden und Empfangenden (2 Korinther 8,13–14). Außerdem kommt es darauf an, „einfach" bzw. „einfältig" zu geben, also mit der Gabe *keine weiteren Absichten* zu verbinden (2 Korinther 8,2). Ausdrücklich wird betont, dass die Gabe *freiwillig, nicht erzwungen* sein soll, wobei Paulus einen gewissen Wetteifer beim Geben begrüßt (2 Korinther 9,2.6). Der Wert der Gabe ist nicht rein quantitativ zu messen, es kommt auf die Bereitschaft an, entsprechend der eigenen Möglichkeiten zu geben. Der Zweck ist es, die „leeren Hände" der Gemeinde in Jerusalem zu füllen und darüber hinaus Zugehörigkeit zu einer verstreuten Gemeinschaft auszudrücken und dafür auch Dank und Anerkennung zu erfahren. Es handelt sich hier um eine zweckungebundene Spende, um in modernen Begriffen zu sprechen: Die Gemeinde in Jerusalem benötigt Mittel, die andere Gemeinden einsammeln. Gerade weil unbestimmt bleibt, was mit dem Geld passieren soll, müssen sich diejenigen, die die Spenden annehmen und weiterleiten, qualifizieren: Es sind besonders engagierte und vertrauenswürdige Menschen, es gilt das Vier-Augen-Prinzip, auch können die Geber eine Vertrauensperson entsenden, die die Weiterleitung der Spenden begleitet (2 Korinther 8,16–20).

Mit der überregionalen Kollekte ist eine wesentliche und bis heute tragende Institution der christlichen

Gemeinde begründet worden. Von der älteren Verbundenheit jüdischer Gemeinschaften in der Diaspora unterscheidet sich die Sammlung, zu der sich Paulus verpflichtet fühlt, da die Frage der Zugehörigkeit klärungsbedürftig war. Dass kleine Gruppen in Griechenland und Kleinasien sich mit der Jerusalemer „Urgemeinde" verbunden fühlten, lag nicht auf der Hand. Eine überregionale Institution, die von den Ortsgemeinden etwas hätte fordern können, existierte nicht. Man muss es eher umgekehrt sehen: Das freiwillige Geben für die Glaubensgenossen in Jerusalem bildet die überregionale Gemeinschaft. Die Gabe und die darin zum Ausdruck kommende *Liebe* (2 Korinther 8,7.24) kommt nicht beliebigen anderen Menschen in der Ferne zugute, sondern richtet sich an solche, die – wie entfernt auch immer – auch den *einen* Gott verehren.

II. Der eine Gott und das Gebot der Liebe

Bisher standen in diesem Essay das Gebot der Nächstenliebe und die Goldene Regel als Inbegriff der Moral im Mittelpunkt, ohne dass näher erklärt worden wäre, warum man sich an diesem moralischen Kompass orientieren soll. Zwar ist die Forderung der Liebe als göttliches Gebot eingeführt worden, das die Menschen verpflichtet, die sich an Gott orientieren. Aber es blieb offen, inwiefern Gott gebietet, auch dem mir nicht verwandten Nachbarn, auch dem Fremden mit Respekt und Empathie zu begegnen. Dieser Frage ist das vorliegende Kapitel gewidmet.

Der biblische Ausgangspunkt meiner Überlegungen ist das so genannte Doppelgebot der Liebe, in dem in einem Atemzug von der Liebe zu dem einen Gott und der Liebe zum Nächsten die Rede ist (Matthäus 22,35–40). Das Gebot der Nächstenliebe ist als das Gebot des *einen* Gottes zu verstehen, der von allen Menschen als Vater angerufen werden kann, wie es die Bergpredigt und der Apostel Paulus lehren. In der Hinwendung zu dem einen Gott liegt also die Einsicht, dass mir jeder andere Mensch gleich ist – und so wird auch verständlich, wie mir jeder andere Mensch zum Nächsten werden kann (Abschnitt 1).

In der Ursprungssituation des Christentums ist dieser Zusammenhang in der Begegnung von Menschen unterschiedlicher religiöser Traditionen entfaltet worden: Dabei konnte man an Vorstellungen von einem die verschiedenen religiösen Instanzen umfassenden Gott-Vater anknüpfen. Doch ist die Autorität des einen Gottes nicht vereinbar mit einer Vielzahl anderer und gegensätzlicher Autoritäten. Deshalb ist der das Gebot der Liebe begründende Monotheismus ein exklusiver Monotheismus (Abschnitt 2).

Wer sich als eines unter anderen gleichrangigen Kindern Gottes versteht, für den versteht es sich von selbst, allen anderen Menschen mit Respekt und Zuwendung zu begegnen – um an dieser Stelle die modernen Begriffen zu verwenden, die dem biblischen Sinne der Nächstenliebe nahekommen. Die universale Moral hat also ein spirituelles Fundament, das sich in einer elementaren Gebetspraxis ausdrückt.

Die Anrufung Gottes und das Bittgebet, das in der Bergpredigt eine zentrale Rolle einnimmt (Matthäus 6,5–13), sind Grundbestandteile vieler religiöser Traditionen. Allerdings hat das persönliche Beten zu Gott überall dort, wo es einen ritualisierten öffentlichen Gottesdienst gibt, nur einen abgeleiteten nachrangigen Status: Der *eigentliche* Gottesdienst ist der die Gemeinschaft verbindende öffentliche Ritus. In der Bergpredigt wird jedoch im persönlichen Gebet „im stillen Kämmerlein" die Grundlage der Gottesbeziehung gesehen. Unter dieser Voraussetzung verlieren die Grenzen und Abgrenzungen, die mit Traditionen immer verbunden sind, an moralischem Gewicht (Abschnitt 3).

In der Bergpredigt steht die Bitte im Mittelpunkt des guten Verhältnisses zu Gott und den Mitmenschen. Sie hat eine eigentümliche moralische Kraft, die sich vom Zwang und von rechtlichen und vertraglichen Pflichten stark unterscheidet. Die Frage, warum wir auf Bitten sehr häufig positiv reagieren, führt zurück zur in Kapitel I reflektierten Goldenen Regel und wird in Kapitel III noch einmal vertieft (Abschnitt 4).

In einer Ethik der Nächstenliebe kommt der Vergebung eine zentrale Bedeutung zu, nicht zuletzt, weil das Liebesgebot andauernd missachtet wird und dann der Rückfall in Zorn, Hass, Rachebedürfnis usw. naheliegt. Vergebung kann nur erbeten werden, insofern kann auch über Vergebung erst gesprochen werden, nachdem die Logik der Bitte entfaltet ist (Abschnitt 5).

Eine Ethik der Liebe muss sich auch mit den Fragen der Gerechtigkeit auseinandersetzen – und bekanntlich setzt die Bergpredigt mit dem Hunger nach Gerechtigkeit ein und sucht den Weg einer besseren Gerechtigkeit. Wie in Abschnitt 6 erläutert wird, wird der Hunger nach Gerechtigkeit durch individuell gerechtes Verhalten nicht gestillt.

1. Der eine Gott als Grund einer universalen Moral

Das Gebot der Nächstenliebe wird an prominenter Stelle in den Evangelien als höchstes Gebot bezeichnet – jedoch nicht allein, sondern in Verbindung mit der Forderung, *Gott* zu lieben. Die ersten drei Evangelien schildern, dass Jesus die Frage nach dem (einen) höchsten Gebot gestellt wird. Als Antwort auf diese Frage werden zwei Gebote aus dem Alten Testament zitiert und miteinander verbunden (Matthäus 22,37–38).[1]

Mit dem *Doppelgebot* der Liebe wird eine biblische Tradition weitergeführt, die schon in den fünf Büchern Mose mit den *zwei Tafeln* beginnt, auf denen Mose die *Zehn Gebote* vom Berg Sinai heruntergebracht hat (2. Mose 24,12). Auch wenn die Zählung und Aufteilung der Gebote auf die Tafeln in den verschiedenen jüdischen und christlichen Traditionen variiert, stehen auf der einen Tafel die Gebote, die sich auf das Verhältnis zu Gott beziehen. Auf der anderen Tafel sind die Gebote verzeichnet, die das Zusammenleben der Menschen regeln.[2] Schon die Zehn Gebote waren als Inbegriff aller Vorschriften und Mahnungen verstanden worden, die „das Gesetz und die Propheten" ausmachen. Das Doppelgebot der Liebe ist als weitere Konzentration auf das Wesentliche zu verstehen, die Beziehung des Menschen zu Gott und zu seinen Mitmenschen.[3]

Die Aufforderung, *Gott zu lieben* „von ganzem Herzen, von ganzer Seele und mit all deiner Kraft und deinem ganzen Gemüt" ist nicht eines der Zehn Gebote, steht aber in den fünf Büchern Mose an einer anderen herausgehobenen Stelle. Es leitet im fünften Buch Mose die Wiederholung des Gesetzes ein, steht hier *vor* allen einzelnen Geboten als Grundlage der Beziehung des Volkes Israel zu seinem einzigen Gott (5. Mose 6,5).

Angesprochen wird mit diesem Gebot das Volk Israel: Höre, Israel (Sch'ma Israel).[4]

Wenn man das Gebot, Gott zu lieben, mit den ersten der Zehn Gebote vergleicht (2. Mose 20,1–6 und 5. Mose 6,4–5), so fällt die *positive* Formulierung auf. Anstelle der mit Strafe belegten Verbote, andere Götter zu verehren, Götterbilder herzustellen, anstelle des Schöpfers Geschöpfe zu verehren usw., steht die Aufforderung, Gott zu lieben – im Sinne einer *inneren Verpflichtung*. Während es in den Zehn Geboten darum geht, keine anderen Götter zu verehren, geht es im Sch'ma Israel im positiven Sinne um *Loyalität*.[5] Die Beziehung zu Gott drückt sich in der Orientierung an Gottes Geboten aus. Die Betonung, „von ganzem Herzen, von ganzer Seele und mit all deiner Kraft und deinem ganzen Gemüt", unterstreicht die eingeforderte persönliche Motivation. Neben der intrinsischen Orientierung am Gesetz könnte es ja auch Halbherzigkeit geben – und die Mahnung geht dahin, sich umfassend und ernsthaft einzulassen. Dieses Gebot richtet sich im Verlauf seiner Interpretationsgeschichte an jedermann, nicht etwa nur an Amtsträger. Gedacht ist also schon an eine religiöse Existenz und Frömmigkeit im Allgemeinen.[6]

Dass die Evangelien dies aufgreifen, bedeutet zuallererst, dass Jesus und seine Nachfolger *keinem anderen Gott* verpflichtet sind als dem Gott Israels. Die Anrede an das Volk – das Sch'ma Israel – wird im ältesten Evangelium (Markus 12,29) entsprechend mit zitiert.[7] In den späteren Evangelien steht das Gebot der Gottesliebe ohne den Bezug auf das Volk Israel. Vielleicht sind hier schon Menschen aus anderen Völkern mitgedacht.

Während im fünften Buch Mose die Orientierung an *allen* Bestimmungen des Gesetzes gefordert wird (5. Mose 6,2), stellt sich im Umkreis Jesu die Frage, ob tatsächlich *alle* überlieferten Bestimmungen einzuhalten sind. Jesus hat bekanntlich die den Sabbat betreffenden, aber auch andere rituelle Vorschriften relativiert (vgl. z. B. Markus 2,23–27).[8] Im Markusevangelium wird betont, Gottes- und Nächstenliebe seien „mehr als alle Brandopfer und Schlachtopfer" (Markus 12,33).[9] Die Liebe zu Gott vollzieht sich demnach nicht mehr primär durch kultisches Handeln. Der wichtigste zusammenhängende Text im Neuen Testament, in dem diese Verschiebung der Gewichte reflektiert wird, ist der Anfang der Bergpredigt, auf den wir im Zusammenhang der Goldenen Regel bereits zu sprechen kamen.[10]

In der Bergpredigt wird ganz im Sinne des fünften Buches Mose unterstrichen, dass kein noch so kleiner Buchstabe des Gesetzes vergangen sei oder vergehe (Matthäus 5,17–18). Doch muss das Gesetz neu ausgelegt werden. Und hier setzt die – vom Autor des Evangeliums redigierte und zugespitzte – Gesetzesauslegung Jesu ein, bei der die *sozialen* Verpflichtungen im Mittelpunkt stehen und verstärkt werden, während etwa die Sabbatregeln mit keinem Wort erwähnt und das Opfer und das rituelle öffentliche Gebet in ein kritisches Licht gerückt werden (Matthäus 5,23–24; 6,5–6).[11] Ich kann an dieser Stelle nicht in die vielfach kommentierten Details gehen, sondern versuche, die Konsequenz dieser Auslegung nachzuvollziehen. Die entscheidende Frage ist, warum und wie die sozialen Beziehungen unter Menschen auf einmal Vorrang vor den rituellen Verpflichtungen erhalten sollen, wenn Letztere doch die Beziehung des Menschen zu Gott repräsentieren. Warum soll der Konflikt mit dem Bruder Vorrang vor dem Opfer haben, warum wird den andauernden Feindschaften zwischen Menschen eine so große Bedeutung beigemessen und warum das gelingende Zusammenleben im voraussetzungslosen Geben, Bitten und Vergeben so in den Vordergrund gerückt (Matthäus 5,21–24 u. 43 ff.; 7,7–12)?

Um die Verschiebung der Gewichte zu verstehen, muss man die in der Bergpredigt beschriebene *Gottesbeziehung* nachvollziehen: Sie vollzieht sich wesentlich *im Gebet*.[12] Die Integrität der Gottesbeziehung kann nicht mehr an öffentlichen rituellen und kultischen Vollzügen (dem Opfer, dem *öffentlichen* Gebet) abgelesen werden, sondern stellt sich beim *Gebet im Verborgenen* (Matthäus 6,5–7) ein.[13] Mit der radikalen Aufwertung des persönlichen Gebets „im stillen Kämmerlein" ist sicherlich nicht die Abschaffung des öffentlichen und gemeinschaftlichen Gottesdienstes gemeint. Aber die Gewichte werden verschoben: In einem um Ritus und Kult zentrierten Gottesverhältnis kommt es auf den korrekten und vollständigen Vollzug aller Vorschriften an. Das öffentliche rituelle Handeln steht in der Bergpredigt jedoch unter dem Verdacht, dass es sich an die religiöse

Öffentlichkeit wendet und seinen „Lohn" bei den beteiligten Menschen hat, den „verborgenen Gott" aber verfehlt. Dieser wird im Gebet im Verborgenen erreicht (Matthäus 7,17).

Mit der radikalen Aufwertung der „verborgenen" Hinwendung zu dem „verborgenen Gott" ist implizit auch eine veränderte *Deutung religiöser und sozialer Praxis im Allgemeinen* verbunden. Wenn das öffentliche religiöse Ritual nicht mehr Garant der Beziehung zu Gott ist, verliert es mit seinem religiösen Gewicht auch an sozialer Bedeutung. Solange sich die Gottesbeziehung primär in dem Kult und Ritual einer besonderen Tradition (eines Volkes, einer Gemeinschaft) vollzieht, solange sind die Grenzen der Tradition auch die Grenzen der damit verbundenen Ethik. Nur wer an der Tradition, an Ritus und Kultus teilhat, hat Teil an der Beziehung zu Gott und ist Adressat der Gebote und Weisungen. Wenn hingegen das Gebet im Verborgenen Grund der Gottesbeziehung ist, dann wird diese allen Menschen eröffnet, die im Verborgenen beten oder beten können.

Das höchste Gebot des *einen* Gottes richtet sich dann nicht nur an die Gemeinschaft derer, die sich ihm schon immer durch eine reichhaltige Tradition ritueller und kultischer Regeln verbunden wussten, sondern sinngemäß an alle Menschen, die sich an ihn wenden können. Unter dieser Voraussetzung wird auch verständlich, warum die sozialen Verpflichtungen ein größeres Gewicht erhalten als die rituelle und kultische Praxis: Erstere verbinden Menschen unterschiedlichster

Traditionen, während letztere zur Bildung von Gemeinschaften führen, die sich voneinander abgrenzen oder sogar miteinander rivalisieren. Damit ist ein Schritt vollzogen, den man als *ethischen Monotheismus* bezeichnen kann: Der *eine* Gott gibt das *allen* Menschen einsichtige Gebot menschlichen Zusammenlebens. Der *universalen* Moral entspricht die Verehrung des *einen* Gottes.

Der gerade beschriebene Schritt zu einem ethischen Monotheismus ist nicht allein und nicht zuerst im Umkreis Jesu getan worden. Ohne dass die beiden Gebote der Thora wörtlich zu einem höchsten „Doppelgebot" verschränkt worden wären, ist im hellenistischen Judentum die Verehrung des einen Gottes in ähnlicher Weise ethisch ausgelegt worden.[14] Bekanntlich war dies auch für Menschen anderer Herkunft inspirierend und anschlussfähig, die als Sympathisanten oder Proselyten einen weiteren Kreis um die jüdischen Gemeinden in der Diaspora bildeten.[15] Der ethische Monotheismus könnte heute einen wichtigen Punkt der Verständigung zwischen der jüdischen und der christlichen Ethik bilden.[16]

2. Vom inklusiven zum exklusiven Monotheismus

Im letzten Abschnitt habe ich die Bindung an den einen Gott und sein Gebot der Liebe nachgezeichnet, wie sie sich in der biblischen Tradition darstellt: als Bindung an den einen Gott, der seinem Volk ein Gesetz gibt, das in einem weiteren Schritt auch für die Angehörigen anderer Völker bedeutsam wird. Für letztere stellte sich der Weg in die Beziehung zu dem *einen* Gott anders dar.

In der Antike sprach man von einem Konsens aller Menschen, dass es Gott gebe – und verbreitet war auch die Auffassung, dass die Vielzahl der verehrten Götter auf einen Ursprung zurückzuführen sei, der auch *Vater* genannt werden konnte. Für die Rückführung der Vielzahl und Vielfalt der Götter auf den einen Gott gibt es im mythologischen und genealogischen Denken unterschiedliche Wege. Auch die philosophischen Bemühungen, die Vielzahl und Vielfalt auf das Eine zurückzuführen, ermöglichen es, an *einen* Gott zu denken (zum Beispiel in der platonischen Tradition). Für diese geistesgeschichtliche Konstellation hat man den Begriff des *inklusiven Monotheismus* geprägt: Die Einheit Gottes schließt die Vielzahl und Vielfalt, auch die Heterogenität religiöser Instanzen *ein*.[17]

Für den Weg in die Bindung an den einen Gott, den die frühen Christen beschritten, die nicht dem Volk Israel angehörten, ist der inklusive Monotheismus ein relevantes Umfeld: Er verbindet den Gedanken des einen Gottes mit den vielfältigen regionalen oder in Gruppen verwurzelten religiösen Traditionen. Die Vielfalt der Götter und der Formen ihrer Verehrung wird in ein Gesamtbild eingeordnet und auf den einen Gott als Ursprung bezogen. Auch in den Schriften des Neuen Testaments ist schattenhaft ein religiöser Kosmos erkennbar, in dem nicht nur der eine Gott und Christus als Sohn Gottes gegenwärtig sind, sondern auch andere übermenschliche Instanzen. So spricht der Apostel Paulus von „Engeln, Mächten und Gewalten", die offensichtlich Einfluss auf das Leben auch der Glaubenden haben (Römer 8,38). Allerdings sind diese Instanzen für Paulus nicht positive Größen, die etwa die Liebe Gottes zu den Menschen vermitteln würden, sondern im Gegenteil Hindernisse im Leben mit dem einen Gott.[18]

Die Differenz zum inklusiven Monotheismus ist gut in einem Abschnitt des Ersten Korintherbriefes zu erkennen (Kapitel 8): Dort nehmen einige Mitglieder der Gemeinde an Opfermahlzeiten in Tempeln, also auch an den damit verbundenen Riten teil. Andere sehen darin „Götzendienst", also die Verehrung des Gottes, dem das Opfer geweiht ist. Paulus ist nun der Auffassung, man könne an der Opfermahlzeit teilnehmen, ohne an den „Götzen" zu glauben, weil es bekanntlich „keine Götzen gibt in der Welt und keinen Gott außer dem einen" (1 Korinther 8,4). Sein exklusiver Monotheismus geht also mit einer inklusiven Praxis einher. Sie hat ihre Grenze da, wo andere den Schluss ziehen könnten, man könne neben dem einen auch andere, möglicherweise untergeordnete Götter verehren.[19]

Die von Paulus angeleitete Verehrung des einen Gottes ist mit der Überzeugung verbunden, dass die Glaubenden *Kinder Gottes* sind: Sie können Gott als Vater ansprechen, sind dazu – wie Paulus sagt – durch eine „Erbschaft" legitimiert (Römer 8,17). Sie sind – um im Bild zu bleiben – *erwachsene* Kinder, die mit einem Todesfall – dem Tod Jesu – konfrontiert waren und ein

Erbe angetreten haben, nämlich eine unmittelbare Beziehung zu dem einen Gott.[20] Wenn Paulus in diesem Zusammenhang von der „herrlichen Freiheit der Kinder Gottes" spricht, dann sieht er diese Freiheit im Gegensatz zu den realen Lebensverhältnissen, in denen die Menschen vielfältigen Mächten und Beschränkungen unterworfen sind. Auf der einen Seite steht das normative Ideal eines freien Lebens, das nur dem einen Gott verpflichtet ist, auf der anderen Seite die verletzliche Existenz in einer von unterschiedlichen Machtverhältnissen und Einflusssphären bestimmten Welt. Tatsächlich sind die Kinder Gottes eingeordnet in eine Welt, in der Hunger und Gewalt herrschen, denen in der religiösen Sphäre „Engel, Mächte und Gewalten" entsprechen (Römer 8,35 und 38 f.).[21] Wer sich an den einen Gott bindet, verabschiedet sich innerlich von den heterogenen, auch sanktionierten Verhaltenserwartungen, denen er in traditions- und machtbestimmten Lebensverhältnissen begegnet. Diese sind vorläufig möglicherweise weiterhin bestimmend, aber in der Hoffnung auf den einen Gott de-legitimiert.

Im letzten Absatz habe ich Gedanken aus dem Kapitel 8 des Römerbriefs paraphrasiert, ohne auf die außerordentliche Komplexität dieses Textes angemessen einzugehen. Zweifellos geht es Paulus an dieser Stelle um mehr als den Gegensatz zwischen dem universalen Horizont, der sich durch die Bindung an den einen Gott ergibt, und den durch heterogene Traditions- und Machtverhältnisse faktisch bestimmten Lebensverhältnissen.

Aber dieser Gegensatz ist grundlegend, wenn man den Zusammenhang zwischen dem exklusiven Monotheismus und dem universalen Horizont der Moral verstehen will: Der eine Gott legitimiert nicht die Verhaltenserwartungen der lokal herrschenden Mächte und Gewalten, sondern wird – so die Hoffnung des Paulus – eine Welt herbeiführen, in der heterogene Herrschaftsverhältnisse und eine auf Furcht vor Sanktionen gegründete Moral überwunden werden.

3. Die Anrufung des einen Gottes als Vater

Wir hatten im letzten Abschnitt gesehen, dass die Beziehung zu dem einen Gott nach Paulus wesentlich darin besteht, dass ich ihn als Vater anrufen kann. Er betrachtet diese unmittelbare Gottesbeziehung als ein Erbe, das durch den Tod Jesu auf einen größeren, im Prinzip unbegrenzten Kreis von Menschen übergegangen ist. Auch wenn an diesem Punkt keine direkte literarische Beziehung zwischen der Jesus-Überlieferung und den Paulusbriefen hergestellt werden kann, greift Paulus damit ein wesentliches Motiv der Überlieferung Jesu auf, der in betonter Weise Gott als Vater angesprochen hat.[22]

Das Gebet zu Gott dem Vater ist in der exegetischen Forschung einer Folge von Interpretationen unterzogen worden. In der (zweiten Phase der) Suche nach dem historischen Jesus wurde es zunächst als Besonderheit und Errungenschaft der Verkündigung Jesu im Kontrast zu seiner jüdischen Umwelt herausgestellt. Allerdings zeigte sich, dass die Anrede Gottes als Vater auch in der jüdischen Umwelt Jesu praktiziert wurde; daran anschließend wurde das Gebet Jesu (und das Vaterunser) in die jüdische Tradition eingeordnet. In einem weiteren Schritt konnte die Anrede Gottes als Vater aber auch in der „heidnischen" Umwelt entdeckt werden. Vor diesem Hintergrund scheiden nun Deutungsversuche aus, die das Gebet zu Gott dem Vater als eine anderswo völlig unbekannte Praxis ansehen. Die Betonung des Gebets zu Gott dem Vater bei Jesus wie auch bei Paulus verstehe ich so, dass ein verbreitetes – in unterschiedlichen Traditionen unterschiedlich akzentuiertes – Element religiöser Praxis einen zentralen Stellenwert erhält.

Allerdings versteht sich nicht von selbst, dass sich der eine Gott *ohne weiteres* von Menschen als Vater ansprechen lässt. Diese Einsicht ist nach Paulus spiritueller, geistlicher Natur: „Der Geist (Gottes) bezeugt unserem (menschlichen) Geist, dass wir Gottes Kinder sind" (Römer 8,16).[23] Diese Aussage muss man unter der Voraussetzung lesen, unter der sie geschrieben wurde: in einer Welt, in der die Verehrung des einen Gottes im Widerspruch zu den verschiedenen Geltungs- und Herrschaftsansprüchen steht und nicht als öffentlich etablierte religiöse Praxis zu fassen ist.

Die Anrufung des einen Gottes hat im Zusammenhang der *Ethik* den Sinn, dass ich mich nicht an die Gottheit einer begrenzten Tradition wende, sondern die Sphäre unterschiedlicher „Engel, Mächte und Gewalten", denen ich durch Herkunft und Tradition unterworfen bin, überspringe. Für Paulus drückt sich dies in dem Gebetsruf „Abba, Vater" aus, der ohne ein kunstvolles Gebet ausreicht, um die Beziehung zu Gott zu bekräftigen (Römer 8,15). Dass man sich ohne große Worte an Gott wenden kann, ist auch eine Kernaussage der Bergpredigt. Wie wir gesehen hatten, spricht sich auch Jesus für ein unvermitteltes Gebet zu Gott dem Vater aus, bei dem nicht viele Worte erforderlich sind, weil der himmlische Vater ja weiß, was ich brauche, noch bevor ich es ausgesprochen habe (Matthäus 6,8).[24]

In der Bergpredigt ist schemenhaft von anderen Formen des Gebets und ritueller Praxis, dem Opfern und Fasten, die Rede, die auf rivalisierende religiöse Schulen und das Nebeneinander verschiedener Völker bezogen werden (Matthäus 6,5 und 7). Diese unterschiedlichen religiösen Praktiken erscheinen insgesamt in einem kritischen Licht: Weil sie in der Öffentlichkeit stattfinden, adressieren sie nach der Auffassung Jesu primär die jeweilige Gemeinschaft von Menschen. Wer öffentlich betet, fastet oder opfert, erhält seinen „Lohn" gewissermaßen von den anwesenden Menschen, die ihm seine Frömmigkeit, seine religiöse Integrität bestätigen.[25]

Die Anrufung des einen Gottes steht im Gegensatz zur Vielzahl religiöser Praktiken, die von den verschiedenen gegeneinander abgegrenzten, auch miteinander rivalisierenden Gemeinschaften gepflegt werden. Der eine Gott bleibt hinter der Vielheit der angebeteten Instanzen verborgen. Und solange man sich an eine bestimmte durch Ort, Tradition, ethnische Herkunft geprägte Macht wendet, verfehlt man diesen einen Gott.

Wenn Gebet so aus den spezifischen Bezügen zu einer bestimmten öffentlichen Religion herausgelöst wird, erscheint es als eine über Religionsgrenzen hinaus verbindende Praxis, die der Universalität des einen Gottes gerecht wird. Mit der Anrufung des einen Gottes als Vater ordnet sich der Beter oder die Beterin ein in eine virtuelle Gemeinschaft, der jeder Mensch angehören kann, weil er oder sie ebenfalls den einen Gott anrufen kann.

Dass jeder Mensch mein Nächster oder meine Nächste sein kann, ergibt sich also daraus, dass durch die Beziehung zu dem einen Gott orts- und herrschaftsgebundene Autoritäten und Verhaltenserwartungen ihre religiöse Legitimation verloren haben. An die Stelle traditionsgebundener Gebote und Verhaltensregeln, die substanzielle Unterschiede zwischen Menschen verschiedener Herkunft machen, tritt eine intuitiv zugängliche universalisierbare Ethik, in deren Mittelpunkt das Gebet und die Forderung der Nächstenliebe stehen.

4. Die Kraft und die Reichweite der Bitte

Jesus beschreibt das Gebet, das sich an den einen Gott als Vater richtet, nicht nur als Anrufung, sondern als *Bitte*. Um die grundlegende Bedeutung der Bitte zu illustrieren, greift er in der Bergpredigt auf die menschliche Interaktion und die familiären Verhältnisse zurück: Eine eindringliche Bitte, ein energisches Klopfen sind unwiderstehlich; man muss darauf antworten. Wenn jemand im familiären Zusammenhang um das bittet, was er braucht, dann gibt man es ihm ohne weiteres (Matthäus 7,9–10). Im Lukasevangelium wird die soziale Logik des Bittens in zwei Gleichnissen noch weiter entfaltet: Eindringliche Bitten sind oft erfolgreich, weil man sich ihnen, selbst wenn man wollte, nicht leicht entziehen kann – und zwar auch außerhalb der Familie und freundschaftlicher Beziehungen (Lukas 11,5–13 und 18,2–5).

Diese Praxis überträgt Jesus auch auf die Beziehung zum himmlischen Vater: Wenn auch „schlechte" Menschen auf Bitten reagieren, um wie viel mehr wird es der gute Gott tun (Matthäus 7,11).[26] Die an Gott gerichtete Bitte wird nicht scharf von der Bitte abgegrenzt, die sich an andere Menschen richtet. Das an Menschen gerichtete Bitten ist also nicht nur eine Metapher für einen davon abzuhebenden religiösen Akt. Vielmehr geht es um eine Praxis und Haltung, die Gott und anderen Menschen gegenüber angemessen ist: die Formulierung eines Anliegens ohne weitere Voraussetzungen und Begründungen. Wer bittet, zwingt nicht, er formuliert auch keinen durchsetzbaren Rechtsanspruch, sondern setzt darauf, dass das eigene dringende Anliegen auch ohne zwingende Gründe aufgegriffen wird.

In der Bergpredigt werden das Bitten und die Erfüllung von Bitten gepriesen. Sie stehen im Kontrast zu einer gesellschaftlichen Praxis, in der Forderungen mit der Androhung von Gewalt, durch Gerichtsprozesse oder vertragliche Bestimmung durchgesetzt werden: Die Klage vor Gericht, die Requisition von Kleidung, die Rückforderung beim Verleihen von Geld – sie bilden die Kontrastfolie, auf deren Hintergrund die moralische Kraft der Bitte entfaltet wird (vgl. Matthäus 5,25–26.41–42). In den geschilderten Fällen wird mit einer Sanktion erzwungen, dass ich tue, was man von mir verlangt. Im Unterschied dazu kommt die Bitte ohne Zwang und gewissermaßen voraussetzungslos daher.

Auch wenn sie nicht zwingt, hat die Bitte eine eigentümliche moralische Kraft. Sie spricht im Gegenüber etwas an, das ihn oder sie ohne weiteres bewegen kann. Er oder sie kann sich nämlich, wenn ich durch die Bitte darauf aufmerksam mache, ohne weiteres in meine Lage versetzen – und das ist für ihn oder sie, unter geeigneten Umständen, ein direkter Grund, in meinem Sinne tätig zu werden. Mit einer Bitte rufe ich bei meinem Gegenüber die Überlegung auf, zu der mich – auch unabhängig von ausgesprochenen Bitten – die *Goldene Regel* anleitet.

Zur Logik der Bitte gehört die Moderation des eigenen Anliegens. Es hat wenig Sinn, andere Menschen um etwas zu bitten, das sie nur schwer nachvollziehen können: Sehr eigensinnige oder exzentrische Wünsche wie auch sehr hohe „Ansprüche" vertragen sich mit der Form der Bitte nicht. In der Bergpredigt sind einfache, erfüllbare Anliegen die Beispiele für plausible Bitten: das tägliche Brot, ein Fisch, das Öffnen einer Tür, die Bewirtung eines Gastes (Matthäus 7,9–11).

Auch im *Gebet* moderiere ich meine Wünsche und Bedürfnisse, indem ich sie in Form der Bitte bringe. Nicht alles, was mir durch den Kopf geht, kommt mir als Bitte über die Lippen. Das persönliche Gebet im Stillen ist also auch eine Form der Reflexion, in der ich bei mir und meinen Anliegen und Bedürfnissen bin. Ich bin von den konkreten Erwartungen der Menschen, mit denen ich zu tun habe, einen Schritt weit entfernt. Niemand redet mir hinein – ich bin es, der spricht –, indem ich aber bitte, prüfe ich meine Wünsche und Ambitionen. Ich spreche sie so aus, dass ein anderer darauf eingehen kann, wenn er mir positiv zugewandt ist. Den einen Schwerpunkt bilden die Grundbedürfnisse des Lebens, die mir kein Gegenüber ausreden oder verwehren würde. Das andere, worum ich bitte, nur bitten kann, ist die Vergebung. Die Bitte um Vergebung bezieht sich auf die berechtigten, aber unerfüllten Ansprüche, die andere an mich haben – und ich an sie.

5. Liebe und Vergebung

Das Gebot der Liebe und die Goldene Regel sind „das Gesetz und die Propheten", der Kern dessen, was Gott von den Menschen fordert. Beide Forderungen – die Forderung nach wechselseitiger Achtung und Zuwendung und die Forderung, sich in einen anderen Menschen hineinzuversetzen – sind allgemein verständlich und nachvollziehbar. Trotzdem verhalten sich Menschen häufig anders – so häufig, dass man diesem Umstand in der Ethik Rechnung tragen muss. Die Forderung der Nächstenliebe wird ja (s. o. Kapitel I) nicht unter Bedingungen allgemeinen Wohlwollens laut, ihr Ausgangspunkt ist vielmehr der Konflikt, der die Beteiligten gegeneinander aufbringt, bis hin zu Hass und Rache. Wenn es in der Liebe darum geht, einen anderen Weg des Miteinanders zu suchen, dann ist von vornherein deutlich, dass die Verwirklichung der gebotenen Liebe fragil ist und in Konflikten untergehen kann. Und ähnlich begrenzt ist auch die Bereitschaft, sich in ein Gegenüber hineinzuversetzen und in seinem Sinne zu handeln.

Deshalb erscheinen die Forderungen der Liebe und Uneigennützigkeit in der Begegnung mit dem Nächsten in einem Moment selbstverständlich, im nächsten Moment unerfüllbar, als Moral der Virtuosen, die das allgemeine menschliche Maß überschreitet. Die Spannung zwischen einer elementaren Moral, die für jeden einsichtig und praktizierbar ist, und einer Moral der Vollkommenheit ist in der Bergpredigt gegenwärtig: Einmal erscheint die Ethik der Liebe als das allen Menschen zugängliche Maß, ein anderes Mal als der „schmale Weg", den nur wenige gehen (Matthäus 7,13).

Die Klammer, die beide Pole zusammenhält, ist die *Vergebung*. Vergebung ist der Ethik der Liebe deshalb nicht fremd, weil die in der Liebe geforderte Überwindung von Konflikten Vergebung voraussetzt. Diesen Gedanken will ich in Orientierung an der Bergpredigt beziehungsweise am Vaterunser näher erläutern. Dass an dieser Stelle das Gebet in die Überlegung hineinkommt, ist nicht von ungefähr. Denn man kann sich nicht selbst vergeben, sondern nur *um Vergebung bitten* – bei Gott und den beteiligten Menschen.

Jesus verbindet die beiden Richtungen, die die Bitte um Vergebung nehmen muss: Einem Opfer, das der Wiederherstellung der Gottesbeziehung dienen soll, muss die Versöhnung mit dem Nächsten vorausgehen (Matthäus 5,23–24) – es hat keinen Sinn, sich nur an Gott zu wenden. Und wenn man – mit dem Vaterunser – Gott um Vergebung bittet, so muss man im gleichen Atemzug selbst Vergebung gewähren: Vergib uns unsere Schuld, wie auch wir vergeben unseren Schuldigern (Matthäus 6,12).

In der Vergebung geht es um zweierlei: einmal um *Verfehlungen* (Matthäus 7,15), aber auch um *Schulden*, die erlassen werden, wie es in der Vaterunser-Bitte heißt (Matthäus 6,12). Auf den ersten Blick sind Verfehlungen und Schulden Verschiedenes: Verfehlungen sind Verstöße gegen akzeptierte Regeln – und Vergebung bedeutet, dass der geschehene Regelverstoß dem Betreffenden nicht mehr vorgehalten wird. Beim Erlassen von Schulden geht es hingegen darum, dass jemand etwas Gutes erhalten hat, es aber nicht zurückgeben oder erwidern kann. In der Vaterunser-Bitte, die von Schulden (und nicht von Verfehlungen) spricht, sind natürlich nicht nur Schulden in Folge des Leihens von Geld oder anderen materiellen Gütern gemeint, sondern Güter und Gaben jeglicher Art, die ich nicht in passender Weise erwidert habe. Wenn im Vaterunser von den „Schuldigern" gesprochen wird, bedeutet das, dass mir jemand etwas schuldig geblieben ist. Auch die eigene Schuld, um deren Vergebung ich bitte, sind im ursprünglichen Wortsinn Schulden, die mir Gott erlässt.[27]

Die Vorstellung, dass ich anderen Menschen etwas schuldig geblieben bin, selbst wenn ich ihnen nicht aktiv geschadet oder geltende Regeln verletzt habe, schärft noch einmal den Blick für die *positive Formulierung der goldenen Regel,* die am Ende der Bergpredigt „das Gesetz und die Propheten" auf den Punkt bringen soll: Gefordert ist mehr als nur das Nicht-Schaden und die Einhaltung von Vereinbarungen.

Auf einer höheren Abstraktionsebene kann man das Verzeihen von Fehlern und das Erlassen von Schulden zusammenführen: In beiden Fällen ist *Vergebung der Verzicht auf einen berechtigten Anspruch,* der bei den Fehlern darin besteht, dass geltende Regeln nicht eingehalten wurden, beim Schuldig-Bleiben darin, dass jemand eine Gabe erhalten hat, die ihn zur Gegengabe verpflichtet. Der Horizont des Schulden-Erlassens ist der weitere Rahmen: Auch wenn ich alle geltenden Regeln fehlerfrei einhalte, kann es sehr wohl sein, dass ich anderen Menschen etwas schuldig bleibe. Und auch im Verhältnis zu Gott hat es einen tieferen Sinn, wenn ich in der Bitte um Vergebung nicht nur um Verfehlungen kreise, sondern auch das mir widerfahrene Gute im Blick habe, dem ich in meinem Verhalten nicht gerecht geworden bin.

Auf dieser Grundlage kann man genauer sagen, worin das Ziel der (Bitte um) Vergebung besteht. Für denjenigen, der darum bittet, geht es um die Wiederherstellung integrer Beziehungen zu Gott und zu den Menschen. Aus *seiner* Sicht ist die Vergebung geschehen, wenn er von ausgesprochenen oder stillschweigenden Vorwürfen befreit wieder aufgenommen ist in die Sphäre wechselseitiger wohlwollender Anerkennung.

Die Praxis der Vergebung hat aber ein noch weiter gehendes Ziel, nämlich die *wechselseitige Befreiung von unerfüllten, oft nicht mehr erfüllbaren Ansprüchen*. Die Verständigung zwischen Konfliktparteien, ihre Versöhnung, setzt voraus, dass sie von unerfüllten, möglicherweise sogar unerfüllbaren wechselseitigen Ansprüchen Abstand nehmen. Die oben erwähnten konfliktbezogenen Affekte, der Zorn, der Neid, die Eifersucht, die in Hass umschlagen können, verkörpern Ansprüche, die ich gegen andere Menschen erhebe: Ich bin zornig, dass mir (nach meiner Meinung) Unrecht geschehen ist, bin neidisch und meine, dass mir ein Gut, das ein anderer hat, ebenso zusteht, bin eifersüchtig auf andere, weil ich Anspruch auf eine bestimmte Position erhebe. Die darin liegenden Ansprüche stehen zwischen mir und dem anderen Menschen, auf den ich mich darin beziehe, und treiben mich im Konflikt.

Die Perspektive der Vergebung entschärft die Konfliktdynamik. Indem ich darauf verzichte, was mir der oder die andere möglicherweise „schuldet", verlasse ich die Sphäre des Konflikts und bin dann wieder in der Lage, den anderen als Menschen wie ich anzusehen. Der Konflikt ist allerdings nicht schon dadurch entschärft, dass ich auf Ansprüche verzichte. Genauso wichtig ist die Beobachtung, dass auch ich anderen etwas schuldig bleibe und um Vergebung bitten muss. Und zu einer Bereinigung des Konfliktes gehört, dass auch mein Gegenüber mich von Ansprüchen entlastet und selbst um Entlastung bittet.

Die Perspektive der Vergebung hat eine Ähnlichkeit mit einem Mediationsverfahren, in dem zwei Konfliktparteien ihre wechselseitigen Ansprüche miteinander klären und bereinigen – und das passt zu dem Zusammenhang, in dem das Liebesgebot in der Bibel zuerst auftaucht (3. Mose 19,18). Dort war das Gebot, den Nächsten zu lieben wie sich selbst, verbunden mit der praktischen Forderung, sich im Konfliktfall nicht zu rächen, sondern an ein Gericht zu wenden.

Wo es um Vergebung geht, findet nicht immer ein bereinigendes Gespräch statt, kann oft auch gar nicht stattfinden. Hier ist nicht nur daran zu denken, dass sich Menschen verpassen oder missverstehen, sondern auch an die Schwere einer Schuld, die es der einen Person unmöglich macht, zu vergeben. Dann bleibt die Bitte um Vergebung gewissermaßen stehen, ohne dass sie eine Antwort erhält. Auch in dieser Einseitigkeit behält sie ihren Sinn. Die Bitte um Vergebung ist nicht nur ein Verständigungsmittel, das man wegwirft, wenn es nicht zu einer Verständigung gekommen ist. Sie ist ja immer auch an den einen Gott gerichtet, der bleibt, auch wenn mein Gegenüber sich abwendet. Die Hinwendung zu Gott ersetzt nicht das Zugehen auf mein Gegenüber. Ohne seine Antwort fehlt etwas, aber die Bitte um Vergebung bleibt stehen.

6. Der ungestillte Hunger nach Gerechtigkeit

„Selig sind, die da hungert und dürstet nach Gerechtigkeit, denn sie sollen satt werden." So heißt es am Anfang der Bergpredigt. Angesprochen sind in den Seligpreisungen Menschen, die unter Ungerechtigkeit, Armut und Verfolgung leiden, aber auch diejenigen, die auf die Not anderer mit Barmherzigkeit antworten, „sanftmütig" sind und sich um Frieden bemühen (Matthäus 5,1–11). Nach Gerechtigkeit „hungern" Menschen, die ungerecht behandelt werden – aber auch Menschen, denen ungerechte Verhältnisse etwas ausmachen, selbst wenn sie sich nicht persönlich geschädigt oder benachteiligt fühlen. Und die metaphorische Rede von „Hunger" und „Durst" deutet darauf hin, dass es um existenzielle Bedürfnisse geht, die auf dem Wege der Gerechtigkeit gestillt werden müssen. Die Bergpredigt knüpft hier an den Protest der Propheten an, die im Namen Gottes manifeste Ungerechtigkeit ansprechen und die zum Handeln herausfordern, die den Namen Gottes anrufen.[28]

Das Thema der Gerechtigkeit kehrt in der Bergpredigt mehrfach wieder. Man kann die berühmte Rede so lesen, dass am Anfang die herrschende schreiende *Ungerechtigkeit* angesprochen wird, auf die mit einer radikalen *Lebensform der Gerechtigkeit* zu antworten ist. Dieser Linie folge ich zunächst, um am Ende eine Verbindung zur modernen Diskussion über Gerechtigkeit herzustellen.

Als Hintergrund der Fragen nach Gerechtigkeit in der Bergpredigt muss man den Protest gegen Ungerechtigkeit voraussetzen, der sich von den Prophetenbüchern bis in die Evangelien zieht. Die Fragen der Gerechtigkeit stellen sich in der Spannung zwischen extremer Armut und Rechtlosigkeit einerseits und Reichtum sowie Macht- und Rechtsansprüchen andererseits: Es geht darum, dass die einen extrem arm sind, andere aber über viele Mittel verfügen, diese aber nicht teilen bzw. nicht einsetzen. Die Gerechtigkeitsfragen spitzen sich bei den Witwen und Waisen zu, die mittellos sind, ohne familiäre Unterstützung und ohne die Möglichkeit, ihr Recht einzuklagen (in einer patriarchalen Gesellschaft, in der nur erwachsene Männer vor Gericht erscheinen können). Zu den ungerechten Verhältnissen, denen die Armen ausgeliefert sind, gehört auch die Unmöglichkeit, sich Geld zu leihen, weil man keine Sicherheiten bieten kann, und der willkürliche Zwang, mit dem etwa Soldaten Kleidung beschlagnahmen oder Zollbeamte Wegegeld erpressen. Worin die *Ungerechtigkeit* besteht, versteht sich in den jeweiligen Zusammenhängen von selbst: Es geht um eklatante Verstöße gegen das, was als recht und billig angesehen wird. Wenn Jesus diejenigen selig nennt, die nach Gerechtigkeit hungern und dürsten, hebt er den *Sinn für Ungerechtigkeit* hervor.

Der *Sinn für Ungerechtigkeit* wird in der Bergpredigt mit der Empfehlung zum *Rechtsverzicht* verbunden: In einem Rechtsstreit solle man keinesfalls vor Gericht gehen; aussichtsreicher ist es, sich mit dem Prozessgegner außergerichtlich zu einigen. Der Rechtsweg führt häufig zu Fehlurteilen und grausamen Strafen – hier ist offenkundig eine Justiz im Blick, die nicht in der Lage ist, gerecht zu urteilen (Matthäus 5,25–26).

Nachdem die Rechtsprechung als Instrument zur Herstellung von Gerechtigkeit ausfällt, öffnet sich die Frage nach Gerechtigkeit in der Bergpredigt in einem anderen Feld. Es ist die Rede von „eurer Gerechtigkeit", also einer Haltung, die die Angesprochenen selbst verwirklichen sollen. Die Herausforderung besteht darin, eine „bessere Gerechtigkeit" zu haben als „Schriftgelehrte und Pharisäer", also als andere religiöse Schulen (Matthäus 5,20). Außerdem soll Gerechtigkeit „nicht vor den Leuten", also in der Öffentlichkeit, praktiziert werden (Matthäus 6,1). Und schließlich soll man *nicht richten* – auch um selbst nicht gerichtet zu werden (Matthäus 7,1).

Hier kann man eine Gedankenlinie erkennen, die Gerechtigkeit nicht in der Klärung von wechselseitigen

Rechtsansprüchen sucht, sondern in einer Praxis und Lebensform, die die Klärung von Rechtsansprüchen *überspringen* soll. Dieser Sprung aus der Sphäre wechselseitiger Ansprüche (und Vorwürfe über nicht erfüllte Ansprüche) ist die Praxis der Nächstenliebe, der Vergebung und des positiven Entgegenkommens.

Allerdings stellt sich die Frage, ob diese Haltung und Lebensweise sinnvoll als *Gerechtigkeit* bezeichnet werden kann. Die *Ungerechtigkeit* besteht im Versagen der Justiz, in Willkür und Zwang, die *Gerechtigkeit* ist hingegen eine persönliche Haltung, die direkt nichts mehr mit der Aufhebung dieser Missstände zu tun zu haben scheint: Wenn davon die Rede ist, Gerechtigkeit nicht in der Öffentlichkeit zu praktizieren (Matthäus 6,1), dann ist damit Wohltätigkeit, persönliches Engagement für andere gemeint. Auch die Forderung, sich nicht wechselseitig zu richten, bezieht sich auf persönliche Beziehungen, sicherlich auch auf das Miteinander im religiösen Leben, aber nicht auf den großen Horizont ungerechter Lebensverhältnisse.

Offenkundig geht es in der Bergpredigt nicht darum, ein Prinzip der Gerechtigkeit zu entwickeln, an dem sich das Zusammenleben aller Menschen orientieren könnte, sondern um eine *Lebensform*, durch die ich mich *jedem anderen Menschen gegenüber gerecht* verhalte.[29]

Diese Lebensform stößt sich kritisch ab von allen Regeln des Zusammenlebens, die durch wechselseitige *Rechtsansprüche* gekennzeichnet sind: Der Gang vor Gericht ist zu vermeiden, aber auch der Eid oder die Einforderung von Zinsen (Matthäus 5,25–26 u. 33 ff.). Indem ich statt der erzwungenen einen Meile eine weitere Meile mitgehe oder bei der Beschlagnahmung von Kleidung ein weiteres Kleidungsstück abgebe, *übererfülle* ich, was von mir verlangt wird, und beziehe zugleich Stellung im Sinne eines freiwilligen Entgegenkommens, Gebens und Vergebens. Die „bessere Gerechtigkeit" besteht im *Verzicht auf mein Recht,* so dass mir andere keine unerfüllten Rechtsansprüche vorhalten können. Und sie ist *eine* radikale Lebensform, in der sich Menschen auf das Nötigste beschränken und *sich von wechselseitigen Ansprüchen freistellen.*

Die innere Grundlage für die Abkehr von den wechselseitigen Ansprüchen ist eine natürliche „Sorglosigkeit", die Jesus am Beispiel von Tieren und Pflanzen illustriert: Die Vögel zum Beispiel „ernten nicht, sie sammeln nicht in die Scheunen – und euer himmlischer Vater ernährt sie doch" (Matthäus 6,26). Und die berühmten Lilien auf dem Feld sind schöner anzusehen als König Salomo, obwohl sie nicht arbeiten und nicht spinnen (Matthäus 6,28–29). Das Beispiel der Tiere und Pflanzen stellt nun das unter Menschen verbreitete Sorgen über den Tag hinaus infrage. Oft erübrigen sich die Sorgen, weil man die positive Erfahrung macht, dass man das Lebensnotwendige vorfindet. Ebenso oft verfehlt das Sorgen sein Ziel, weil die klügsten Pläne durchkreuzt werden. Einerseits gibt es die Erfahrung, dass der himmlische Vater schon für seine Kinder sorgt, andererseits aber auch das Wissen, dass das Leben schnell vorüber sein kann. Wer in diesem Sinne sorglos lebt, sammelt nicht nur keine Vorräte, sondern baut sein Leben auch nicht auf das Funktionieren von Regeln und Rechten im Zusammenleben mit anderen.[30]

Die Lebensform der auf die eigenen Rechte verzichtenden „Sorglosigkeit" ist, wie am Ende der Bergpredigt deutlich gesagt wird, ein schmaler Weg, den nur wenige Menschen konsequent gehen (Matthäus 7,14). In ihrem Verzicht auf das eigene Recht sind sie mit den vielen Menschen verbunden, die ihre Rechte kaum durchsetzen können und ihre Selbstachtung und Gleichrangigkeit dadurch zurückgewinnen, dass sie auf ihr Recht verzichten und in die Position des freiwilligen Gebens und Vergebens wechseln.

Es liegt auf der Hand, dass der am Anfang der Bergpredigt angesprochene *Hunger nach Gerechtigkeit nicht dadurch gestillt wird*, dass Menschen die *Lebensform* der Gerechtigkeit für sich annehmen. Durch die veränderte Lebensform ändert sich wenig an ungerechten Macht- und Eigentumsverhältnissen, überkommenen Rechtsansprüchen und fragwürdiger Justiz.

Der kritische Punkt ist dabei nicht die mangelnde Reichweite des Liebesgebotes: Wir hatten gesehen, dass das Gebot sich auf einen *unbestimmten Nächsten* bezieht und so weit reicht, wie Menschen einander mit Bitten erreichen können. Die Schwierigkeit liegt vielmehr darin, dass ich bei der Forderung der Nächstenliebe und der Goldenen Regel immer *einen* anderen Menschen in den Blick nehme – und nicht die Beziehungen berücksichtige, in denen *mehrere* Menschen *zueinander* bestehen – wie es typischerweise bei Fragen der Gerechtigkeit der Fall ist.

III. Ethik der Nächstenliebe in der Moderne

In den ersten beiden Kapiteln dieses Essays habe ich aus zentralen biblischen Texten die Struktur einer Ethik herausgearbeitet, die man als ethischen Monotheismus bezeichnen kann. Damit ist deutlich gemacht: Zwischen der Hinwendung zu dem einen Gott und der Forderung der Nächstenliebe besteht eine innere Verbindung.[1] Der eine Gott ist der Bezugspunkt einer ethischen Forderung, die *allen* Menschen nachvollziehbar und zumutbar ist.

Um diesen Gedanken auch für diejenigen zu erschließen, die sich nicht als Teil des biblischen Narrativs verstehen, will ich nun die in Auseinandersetzung mit den biblischen Texten gewonnenen Aussagen in den Diskussionszusammenhang moderner philosophischer Ethik stellen. Die Ethik der Nächstenliebe ist, in modernen Begriffen gesprochen, eine universalistische Ethik, weil sich ihre Forderung an alle Menschen richtet – und dabei alle Menschen gleichermaßen berücksichtigt.

Im Zentrum der modernen Diskussion über eine universalistische Ethik und ihre Begründung steht allerdings der Begriff der Gerechtigkeit, und nicht der Liebe. In einem ersten Schritt müssen wir also eine Beziehung zwischen den Begriffen der Nächstenliebe und der Gerechtigkeit herstellen. Wir hatten im letzten Abschnitt gesehen, dass auch die Bergpredigt Jesu mit dem Hunger nach Gerechtigkeit einsetzt und zur Suche nach einer „besseren Gerechtigkeit" auffordert, für die die Goldene Regel eine grundlegende Bedeutung hat. Diese Gedankenlinie lässt sich in die moderne Diskussion über die Grundlagen der Ethik weiterverfolgen. Sie führt von der Goldenen Regel, die auf der Ebene wechselseitiger Verpflichtungen zwischen zwei sich gegenüberstehenden Menschen ansetzt, zum kategorischen Imperativ Immanuels Kants und der Theorie der Gerechtigkeit John Rawls' (ausgeführt im Folgenden in Abschnitt 1).

Allerdings sind Kant und Rawls (und viele andere Philosophen) der Auffassung, dass eine universalistische Ethik keine religiöse Grundlage haben kann, sondern ein rationales Fundament benötigt. Kants Ethik ist hier von besonderem Interesse für die christliche Ethik, weil er wesentliche Elemente der jüdisch-christlichen Ethik aufgreift, aus dem religiösen Zusammenhang herauslösen und so für alle Menschen unabhängig von ihren religiösen Vorstellungen verbindlich machen will. Das Fundament der Moral kann für ihn nur in der Vernunft des Menschen liegen, auch deshalb, weil Liebe nicht geboten werden könne. Mit dieser fundamentalen Kritik am Liebesgebot müssen wir uns auseinandersetzen (Abschnitt 2).

Die religiöse Grundlage der Ethik der Nächstenliebe besteht, wie in Abschnitt 3 zu zeigen ist, nicht im abstrakten Gehorsam gegenüber einem göttlichen Gebot, sondern in einer Reflexion, in der die *Bitten* der Menschen eine Schlüsselstellung haben. Sehr vereinfacht gesagt, fordert das Gebot der Nächstenliebe, die Bitten anderer Menschen zu berücksichtigen. Den Zusammenhang zwischen Gebot, Bitte und Gebet stelle ich vor dem Hintergrund von Beobachtungen zur Bergpredigt Jesu her. Dabei kommt es mir im Dialog mit der philosophischen Ethik vor allem darauf an, die sprachliche und moralische Bedeutung der Bitte herauszuarbeiten, die typisch für die Kommunikation im Nahbereich, aber auch die Grundform des Gebets ist. In diesem Abschnitt versuche ich also, den biblischen Sinn der Nächstenliebe in eine systematische Form zu bringen, in der ich sie im Dialog mit anderen ethischen Positionen vertreten kann (Abschnitt 3).

Eine Ethik der Nächstenliebe, in der die *Bitten* der Mitmenschen bedeutsam sind, steht in Spannung zu gesellschaftstheoretischen Konzepten der *Anerkennung von Rechten*. Der Begriff der Anerkennung steht für ein Leitbild gesellschaftlicher Entwicklung, in deren Verlauf soziale und weltanschauliche Konflikte durch wechselseitige Anerkennung unterschiedlicher gesellschaftlicher Gruppen befriedet werden. Trotz einer grundlegenden Differenz der beiden Konzepte können Liebe und Anerkennung in eine produktive Spannung zueinander gebracht werden (Abschnitt 4).

In der Moderne versteht man unter Nächstenliebe häufig *karitatives Handeln* zugunsten notleidender Menschen. Mit dieser Form der *institutionalisierten Nächstenliebe* setze ich mich in Abschnitt 5 auseinander. Diese Form der Nächstenliebe erweitert den Radius und die Wirksamkeit gegenüber der *intuitiven Nächstenliebe* in der Begegnung mit einem Mitmenschen, setzt diese jedoch als Motivation und kritischen Maßstab voraus.

Die Ethik der Nächstenliebe nimmt Bezug auf die Bibel der Christen und eine Grundaussage des christlichen Glaubens: die Einsicht, dass alle Menschen den einen Gott als Vater anrufen können. Zugleich steht sie für ein religiöse und kulturelle Grenzen überschreitendes Ethos, das in und außerhalb konfessioneller Grenzen gelebt wird. Diese Spannung wird in Abschnitt 6 reflektiert – und aufrechterhalten.

1. Von der Goldenen Regel zur Theorie der Gerechtigkeit

Die Goldene Regel hat moderne Vorstellungen von Moral und Gerechtigkeit inspiriert.[2] Sie verlangt, dass ich so handle, wie ich es von meinem Gegenüber erwarten würde. Allerdings ist sie auf das Gegenüber zweier Menschen – hier ich, da die andere Person – beschränkt. Sie hilft nicht weiter, wenn mir drei andere Personen gegenüberstehen, die unterschiedliche Anliegen an mich herantragen. Zwar kann ich mich annäherungsweise in die verschiedenen Personen hineinversetzen und verstehe dann, was jede einzelne Person von mir erwartet, aber ich habe keinen Maßstab, um die verschiedenen Anliegen zueinander ins Verhältnis zu setzen. Dabei handelt es sich um ein in der Praxis häufig auftretendes Problem: Es stehen verschiedene, grundsätzlich berechtigte Anliegen im Raum meines Handelns, aber es ist unklar, welches Gewicht und welche Dringlichkeit die einzelnen Anliegen haben. Über den Impuls hinaus, andere Menschen als meine Nächsten anzuerkennen und mich ihnen zuzuwenden, stellen sich also Fragen der Gerechtigkeit.

Um von der Goldenen Regel zu den Fragen der Gerechtigkeit zu gelangen, muss man die Perspektive so weiten, dass nicht nur ein Gegenüber, sondern *alle* Menschen gleichermaßen in den Blick kommen. Diesen Schritt hat beispielhaft Immanuel Kant mit der Entwicklung seines Moralprinzips, des kategorischen Imperativs, vollzogen.[3]

Ähnlich wie die Goldene Regel mich dazu anleitet, mich in die Perspektive meines *Gegenübers* zu versetzen, fordert mich der kategorische Imperativ dazu auf, mein Handeln aus einer *allgemeinen* Perspektive zu reflektieren: „Handle nur nach derjenigen Maxime, durch die du zugleich wollen kannst, dass sie ein allgemeines Gesetz werde."[4]

Kant will alle moralischen Normen auf ein *formales Prinzip* zurückführen, das sich wie die Goldene Regel gewissermaßen von selbst versteht. Wie die Goldene Regel ist der kategorische Imperativ eine Art Test, dem ich alles, was ich vorhabe, unterziehen soll. Ich muss mir vorstellen, dass alle so handeln wie ich, und mich dann fragen, was ich unter dieser Voraussetzung will. Wenn ich mir vorstelle, dass *alle* so handeln, wie ich es gerade vorhabe, stelle ich mir vor, dass mir mein eigenes Verhalten gewissermaßen aus allen Richtungen entgegenschlägt. Und an meiner eigenen Reaktion kann ich dann ablesen, ob das in Frage stehende Verhalten *für alle gut* wäre. Hier liegt die Verwandtschaft des kategorischen Imperativs zur Goldenen Regel: Ich stelle mir in beiden Fällen vor, dass und wie ich von meinem eigenen Verhalten betroffen wäre, wenn sich *der andere* bzw. *alle anderen* so verhalten würden.

Nehmen wir als Beispiel eine Situation, in der mich ein Unbekannter um Hilfe bittet, weil er eine Fahrkarte kaufen will, aber die Aufschrift auf dem Automaten nicht lesen kann. Da ich in Eile bin, würde ich dieser Bitte gerne nicht nachkommen. Mittels der Goldenen Regel versetze ich mich in seine Lage und helfe ihm beim Kauf des Fahrscheins. Mithilfe der Formel des kategorischen Imperativs stelle ich mir eine Situation vor, in der *alle* Menschen, wenn sie in Eile sind, dringende Anliegen anderer ignorieren. Da auch ich einer dieser anderen Menschen sein könnte (deren dringende Anliegen ignoriert werden), komme ich zu dem Schluss, dass es unter den o. g. Umständen eine allgemeine Hilfspflicht gibt.

Mit dem kategorischen Imperativ konstruiert Kant eine moralische Ordnung, in der Menschen sich wechselseitig „jederzeit zugleich als Zweck, niemals bloß als Mittel"[5] ansehen. Menschen schulden sich als Vernunftwesen wechselseitig Respekt und dieser Respekt besteht praktisch darin, dass man sich an die Normen hält, die sich jeder Mensch – in Anwendung des kategorischen Imperativs – selbst gibt.

Es ist leicht zu erkennen, dass Kant hier wichtige Aspekte der christlich-jüdischen Ethik aufgreift und sich zugleich kritisch von ihr abgrenzt. In der christlich-jüdischen Konzentration des Gesetzes auf die Zehn Gebote, das Liebesgebot bzw. die Goldene Regel ist bereits angelegt, dass es einen allgemeinverständlichen Kern der Moral, ein Moralprinzip gibt, das alle Menschen unabhängig von besonderen Traditionen und Vorschriften selbst anwenden können. Kant löst sich allerdings vom religiösen Fundament der Moral: An die Stelle des Glaubens, dass alle Menschen Kinder Gottes sind und sich deshalb am Gebot der Nächstenliebe und der Goldenen Regel orientieren müssen, setzt er das Selbstverständnis des vernünftigen Menschen, der ein alle Menschen gleichrangig berücksichtigendes Handlungsprinzip *in sich* trägt.

Dass man ausgehend von den Formeln des kategorischen Imperativs grundlegende allgemeine Normen des Zusammenlebens erschließen kann, wird auch von Philosophen anerkannt, die Kant ansonsten kritisch gegenüberstehen. Von der Bibel herkommend kann man zum Beispiel den Teil der Zehn Gebote, die sich auf das Zusammenleben der Menschen beziehen (Du sollst nicht töten, du sollst nicht falsch Zeugnis ablegen ...), mit der Formel des kategorischen Imperativs verständlich machen. Eng damit verbunden ist das Verständnis des „Gesetzes" als allgemeingültige Regel: Die Regeln des Zusammenlebens gelten für *alle* Menschen unabhängig von ihrem persönlichen Lebensentwurf, ihrer sozialen

Stellung, kulturellen Prägung usw. – und die Menschen wissen es im Grunde auch.

Wenn man ausgehend von der Goldenen Regel den Blick auf moderne ethische Diskussionszusammenhänge richtet, fällt neben Kant besonders die „Theorie der Gerechtigkeit" ins Auge, die der amerikanische Philosoph John Rawls vor einigen Jahrzehnten veröffentlicht hat. In ihr geht es nicht um einen Prüfstein für individuelles richtiges Verhalten (wie bei Kant), sondern um die Frage, wie eine gerechte Gesellschaft zu denken ist. Wie wir sehen werden, greift er damit ein Anliegen der Bergpredigt auf.

Im Mittelpunkt der „Theorie der Gerechtigkeit" steht ein Gedankenexperiment, das ähnlich wie die Goldene Regel und der kategorische Imperativ zu einem Wechsel der Perspektive auffordert:[6] Um die Grundregeln einer gerechten Gesellschaft festzulegen, muss man sich nur in einen fiktiven Urzustand versetzen, in dem keiner weiß, welche Position er in der Gesellschaft einnimmt, die er in dem Gedankenexperiment entwirft. Der „Schleier des Nichtwissens" führt dazu, dass man die persönlichen Interessen und Besitzstände, mit denen man in *reale* politische Auseinandersetzungen eintritt, hinter sich lässt und die gesellschaftliche Ordnung von einem unparteilichen Standpunkt aus betrachtet.[7] Von diesem unparteilichen Standpunkt aus werden dann die idealen Verfahrensregeln zur Gestaltung der Gesellschaft definiert. Sie regeln insbesondere den gerechten Umgang mit *ungleichen* Ressourcen und Lebensverhältnissen – aus einer Perspektive, in der jeder Bürger gleich ist. Aus der unparteilichen Perspektive muss die *ungleiche Verteilung* von materiellen und immateriellen Gütern dadurch gerechtfertigt werden, dass sie im wohlverstandenen Interesse aller Bürger ist, insbesondere derjenigen, die durch die Ungleichheit am stärksten benachteiligt werden. Die ungleiche Verteilung von Einkommen, Bildung, Einfluss usw. muss aus der Position der am stärksten Benachteiligten vorteilhafter sein als eine gleichmäßige Verteilung der Ressourcen.

Gemäß der „Theorie der Gerechtigkeit" betrachte ich also die Gesellschaft unter der Prämisse, dass ich in ihr zu den Ärmsten gehören könnte. Das ist ein Gedanke, den man in einer christlichen Ethik leicht aufgreifen kann. Denn die biblische Tradition lehrt ja gerade dies: die Welt mit den Augen der Armen anzusehen – und nach Gerechtigkeit zu suchen.[8] Man könnte also sagen, dass das Rawls'sche Gerechtigkeitsprinzip in der Tradition der Bergpredigt steht: Am Anfang steht der Hunger nach Gerechtigkeit – und diese wird in einem Gedankenexperiment formuliert, das mit seinem Perspektivwechsel an die Goldene Regel erinnert.[9]

Um noch einmal das Beispiel des Unbekannten heranzuziehen, der mich am Fahrkartenautomaten um Hilfe bittet: Wie wir gesehen haben, leitet die Goldene Regel dazu an, sich in diesen mir gegenüberstehenden Menschen hineinzuversetzen und auf sein Anliegen einzugehen. Kant würde die beschriebene Situation als Anwendungsfall einer allgemeinen Regel interpretieren. Bei Rawls geht es hingegen um die Frage, wie Staat und Gesellschaft auf das beschriebene Problem reagieren sollen – zum Beispiel mit der Vorschrift, dass Automaten in einfacher Sprache und mit Symbolen beschriftet sein müssen, damit möglichst alle Menschen sie bedienen können – auch diejenigen, denen Sprachkenntnisse fehlen.

Von der Goldenen Regel zum kategorischen Imperativ und zu den Gerechtigkeitsgrundsätzen Rawls' wird die Perspektive des Urteilens und Handelns schrittweise geweitet. Durch die Goldene Regel erschließe ich mir die Perspektive *eines* mir gegenüberstehenden *anderen* Menschen, durch die Formel des kategorischen Imperativs mache ich mir im Perspektivwechsel Gedanken darüber, welches Verhalten aus der Perspektive *aller* Menschen gut ist, während ich mir in der Überlegung hinter dem Schleier des Nichtwissens klarmache, wie eine *Gesellschaft* beschaffen sein muss, in der auch benachteiligte Menschen (zum Beispiel mit beschränkten Sprachkenntnissen) ihr Leben gut führen können.

Die Weitung der Perspektive ist nicht willkürlich: Wer sich in einen Menschen hineinversetzen und in seinem Sinne handeln konnte, wird einer allgemeinen Hilfspflicht unter gleichen Umständen zustimmen und auch nachvollziehen können, dass in einer gerechten Gesellschaft Vorkehrungen getroffen werden, um die Notlagen zu beseitigen, von denen jeder einzelne Mensch überfordert wäre. Sie ist aber nicht ohne weiteres zwingend: Wir hatten schon bei der Auslegung der Goldenen Regel gesehen, dass der Perspektivwechsel allein zu nichts verpflichtet: Nur wenn ich den Menschen in meinem Umfeld mit Respekt und Zuwendung begegnen *will*, sagt mir die Goldene Regel, was ich zu tun habe.[10] Gleiches gilt für das Gedankenexperiment in der Theorie der Gerechtigkeit: Nur unter der Voraussetzung, dass die Schaffung einer gerechten Gesellschaft angestrebt wird, gibt das Gedankenexperiment die nötige Orientierung. Auch der kategorische Imperativ hilft mir nur dann, grundlegende Regeln des Zusammenlebens zu rekapitulieren, wenn ich bereit bin, mein Leben an allgemeinen Regeln auszurichten.

Bei der Weitung der Perspektive bis zur gerechten Gestaltung der Gesellschaft geht auch etwas verloren, nämlich die konkrete Handlungssituation, in der ich auf mein Verhalten angesprochen bin. Offenkundig gibt eine Theorie der Gerechtigkeit keine Antwort auf die Frage, wie ich mich verhalten soll, sondern entwickelt Prinzipien einer gerechten Gesellschaft, an denen man sich in der politischen Willensbildung und Gesetzgebung orientieren sollte. Dies lässt die Möglichkeit offen, dass ein Mensch dem von Rawls entwickelten Idealbild zustimmt, sich sogar dafür begeistert, ohne sich in seinem persönlichen Leben für Menschen einzusetzen, die sehr arm oder in ihren Lebenschancen beeinträchtigt sind. Eine Theorie der Gerechtigkeit ersetzt also keineswegs eine Ethik, die auf die Frage „Was soll ich tun?" eine Antwort gibt. Und – um das Ende des letzten Kapitels aufzugreifen: Sie stillt den Hunger nach Gerechtigkeit nicht, sondern macht eine Gesellschaft besser vorstellbar, in der auch die Armen zu ihrem Recht kommen.

2. Vernunft oder Liebe?

Wie wir im letzten Abschnitt gesehen haben, kann man den Perspektivwechsel, zu dem die Goldene Regel auffordert, verfeinern und erweitern: von der konkreten Lebenssituation, in der ich mich in die Situation eines Menschen in meiner Nähe hineinversetze, hin zu der Suche nach einer allgemeinen Norm, die mir und allen Menschen situationsunabhängig sagt, wie ich mich verhalten sollte, und weiter zum Bild einer gerechten Gesellschaft, in der die Interessen aller, auch der am stärksten benachteiligten Menschen gleichermaßen berücksichtigt werden. Es bleibt aber die Frage, warum und wie mich ein solcher Perspektivwechsel zum Handeln motiviert.

In einer Ethik der Nächstenliebe liegt es nahe, in der *Liebe* den Faktor zu suchen, der mich nicht nur zum Nachdenken, zum Wechsel der Perspektive, sondern auch zum Handeln bringt. Wenn man in diese Richtung denkt, muss man sich mit einer grundsätzlichen Kritik auseinandersetzen, die wiederum Immanuel Kant vorgebracht hat. Für ihn kann der Kern der Moral nicht in der Liebe liegen, weil Liebe nicht geboten werden kann.[11] Er versteht unter Liebe Zuneigung bzw.

eine verallgemeinerte „Menschenliebe" – und unter dieser Voraussetzung wird man ihm kaum widersprechen wollen.

Allerdings hatten wir schon gesehen, dass es im biblischen Liebesgebot keineswegs darum geht, dass Menschen einander immer schon zugeneigt sind. Es bezieht sich ja auf Situationen, in denen Menschen im Konflikt miteinander sind und dabei Zorn, Neid, Rachebedürfnis, ja sogar Hass füreinander empfinden (Kapitel I, Abschnitt 2). Und diese destruktiven Emotionen sind auch in Gemeinschaften wirksam, die sich ausdrücklich zur Nächstenliebe bekennen. Das Liebesgebot baut also nicht darauf auf, dass Menschen im Grunde immer schon Zuneigung füreinander empfinden. Nun bestreitet Kant nicht nur, dass die Menschen einander immer schon zugetan sind, sondern auch, dass es sinnvoll sei, von ihnen *Liebe zu fordern*. Solange man unter Liebe Zuneigung oder Sympathie versteht, kann man, wie gesagt, kaum widersprechen.

Aber worin besteht die Nächstenliebe – um sie geht es ja –, wenn nicht in Zuneigung oder Sympathie? Offenbar darin, dass man auf *die Bitten anderer Menschen reagiert* – unter Umständen auch auf unausgesprochene Bitten (s. o. Kapitel I, 3 und II, 4). Die Frage ist also nicht, ob man Zuneigung oder Sympathie einfordern kann, sondern ob und auf welcher Grundlage wir auf die Bitten anderer Menschen reagieren.

Bevor ich den Zusammenhang zwischen dem Gebot der Nächstenliebe und den Bitten anderer Menschen genauer erläutere (s. u. Abschnitt 3), bleibe ich für einen Moment bei Kant, der an die Stelle der Nächstenliebe ein anderes Konzept setzt: die Achtung, die Menschen füreinander und für das Sittengesetz empfinden.

Kant ist der Auffassung, dass Menschen voneinander zwar nicht Liebe, aber Achtung erwarten können.[12] Im Unterschied zur Nächstenliebe, die sich *einem konkreten Anderen* zuwendet, ist Achtung die Haltung, die ich dem Sittengesetz und anderen Menschen als vernünftigen Subjekten *abstrakt* entgegenbringe. Nächstenliebe und Achtung sind darin ähnlich, dass sie grundsätzlich gegenüber jedem anderen Menschen geboten sind. Während Nächstenliebe sich auf den konkreten Mitmenschen bezieht, wird in der Achtung die Ordnung akzeptiert, die ein „vernünftiges" Zusammenleben überhaupt ermöglicht. Nächstenliebe ist aus kantischer Perspektive zwar erlaubt, aber nicht geboten. Die Maxime, dem Nächsten entgegenzukommen, ist verallgemeinerbar: Eine Welt, in der alle Menschen einander entgegenkommen, ist vorstellbar, ja sogar wünschenswert. Doch ist die positive Zuwendung zum Nächsten Kür, nicht Pflicht. Denn es ist ja auch eine Gesellschaft vorstellbar, in der sich die Menschen darauf beschränken, einander nicht in die Quere zu kommen, aber auf wechselseitige Zuwendung verzichten. Hierin ist unschwer ein liberales Gesellschaftsbild zu erkennen, in dem es vorrangig darum geht, dass die Menschen ihr Leben ohne übermäßige Inanspruchnahme durch Staat (oder Kirche) führen können.

Nun stellt sich natürlich die Frage, ob die Achtung vor dem Sittengesetz und allen anderen vernünftigen Wesen tatsächlich geboten werden kann. Gilt hier nicht der Einwand, den Kant gegen das Liebesgebot vorbringt? Nach Kants Auffassung ist die Achtung von anderer Art als andere Gefühle. Sie bezieht sich nämlich auf die Vernunft bzw. den vernünftigen Kern in jedem Menschen. Wenn ich keine Achtung vor dem Sittengesetz empfände, so würde ich meine eigene Natur als vernünftiges Wesen missachten – und das wäre, selbst wenn es vorkäme, eine Form des Selbstwiderspruchs, eigentlich eine Unmöglichkeit. Kant ist der Auffassung, dass auch Menschen, die unmoralisch handeln, tief in ihrem Inneren wissen, dass sie gegen das Sittengesetz verstoßen, das in ihnen angelegt ist. Mit dieser Aussage nimmt er eine weitere Linie der jüdisch-christlichen Tradition auf, nämlich die Lehre vom moralischen Gewissen, über das alle Menschen verfügen.

Auch wenn aus heutiger Sicht die Vorstellung einer dem Menschen innewohnenden Vernunft nicht mehr ohne weiteres einleuchtet, ist gut nachvollziehbar, warum Kant die Moral auf eine vernünftige Grundlage stellen will: Die Moral sollte aus sich heraus verständlich sein – ohne den Bezug auf strittige religiöse bzw. theologische Auffassungen. Aus seiner Sicht verdient nur eine *autonome* Ethik ihren Namen, weil ein vernünftiges Wesen sich keiner Forderung unterwerfen kann, die es sich nicht im Grunde selbst auferlegt hat.

Die Autonomie ergibt sich für ihn aus der *Vernunft* des Menschen, die ihm ein Moralprinzip zur Verfügung stellt, das keiner religiösen Fundierung bedarf. Aber es spielt noch ein anderer Gesichtspunkt eine Rolle: Kant überträgt einen Grundgedanken moderner politischer Theorie, den er bei Rousseau aufnimmt, in die Ethik: Die Vorstellung, dass man sich nur den Normen unterwirft, die man selbst in Kraft gesetzt hat. Im politischen Raum bedeutet dies, dass nur Gesetze legitim sind, an denen alle Bürgerinnen und Bürger durch demokratische Willensbildung teilhaben oder zumindest hätten mitwirken können. Kant überträgt dieses politische Prinzip in die Ethik und transformiert es: In Fragen der Moral ist sich kraft der Formeln des kategorischen Imperativs jeder Mensch selbst der Gesetzgeber.

Die autonome Moral Kants hat zwei faszinierende Konsequenzen: Die nach moralischer Orientierung fragende Person muss *nicht aus sich herausgehen*, um den Grund der Moral zu finden: Sie trägt ihn in sich. Damit kann sie der moralischen Forderung auch *nicht ausweichen*. Somit wäre eine *alle* Menschen *ohne weiteres* adressierende und *verpflichtende* Moral begründet.

Kants Vorstellung einer moralischen Autonomie wirkt auch dort nach, wo man sich von seinem starken Vernunftbegriff verabschiedet hat. Vielen Menschen erscheint eine autonome Moral, in der die Menschen im Grunde *wollen*, was sie *sollen*, den Vorzug zu verdienen vor einer Moral, die aus religiösen Gründen Gehorsam verlangt.

Wie wir sehen werden (in Abschnitt 4), baut die Ethik der Nächstenliebe nicht einfach auf den Gehorsam gegenüber einer religiösen Autorität, sondern hat eine reflexive innere Struktur, in der die Logik und Praxis der *Bitte* eine grundlegende Bedeutung hat. Von den Konzepten einer autonomen Ethik unterscheidet sie sich dadurch, dass der Imperativ, die moralische Forderung nicht im (vernünftigen) *Selbst*verständnis begründet ist, sondern ihren Ursprung *anderswoher* hat – in der Bitte des anderen Menschen, die von dem einen Gott legitimiert ist.

3. Nächstenliebe *und* Anerkennung

Die Beseitigung von Not und Abhängigkeit beginnt nach modernem – menschen- und bürgerrechtlichem – Verständnis mit der Anerkennung grundlegender Rechte der auf Hilfe angewiesenen Menschen. Vom menschenrechtlichen Standpunkt aus betrachtet geht es darum, Menschen in sozialen und gesundheitlichen Notlagen und Krisen *nicht irgendwie* beizustehen, sondern *zuerst ihre grundlegenden Rechte anzuerkennen*. Diese menschenrechtliche Perspektive wendet sich mehr oder minder direkt gegen eine karitative Praxis, in der die Helfenden bestimmen, wie sie auf die existenziellen Bedürfnisse anderer Menschen reagieren wollen.

Zwischen der Ethik der Nächstenliebe und der Durchsetzung von Rechten besteht in der Tat eine Spannung, die sich bis in die Bergpredigt zurückverfolgen lässt. Die Bergpredigt ist geprägt von einer pessimistischen Sicht auf die Möglichkeiten, Rechte durchzusetzen. In einer Konstellation, in der der Gang vor Gericht vermutlich mit willkürlicher Inhaftierung endet (Matthäus 5,25 f.), wird die Verwirklichung von Gerechtigkeit nicht als Durchsetzung von Rechten gedacht. Das Gebot der Nächstenliebe und die Goldene Regel werden also nicht als Grundlage einer Rechtsordnung ausgelegt, die dem Nächsten gleiche Rechte zuschreibt, sondern im Sinne einer Praxis, die den Rechtsweg vermeidet und in der Nähe konkreter Begegnungen der Einsicht folgt, dass der oder die Andere ein Mensch wie ich ist.

Wir hatten schon gesehen, dass der Anspruch, die Gerechtigkeit durch Nächstenliebe bzw. durch die Goldene Regel zu verwirklichen, daran scheitert, dass sich diese jeweils auf die Beziehung zu *einer* anderen Person beziehen: Es ist der oder die *eine* Nächste, die ich als mir gleich anerkenne und in die ich mich kraft der Goldenen Regel hineinversetze (s. o. Kapitel II, Abschnitt 6). Gerechte Beziehungen sind so nicht zu fassen, weil es *Beziehungen unter vielen* sind. Sie erfordern zu ihrer Umsetzung eine Rechtsordnung, die über die Nähe konkreter Begegnungen hinausgeht. Allerdings können Beziehungen unter vielen in Erweiterung der Goldenen Regel gedacht werden. Im ersten Abschnitt dieses Kapitels hatten wir in Immanuel Kants kategorischem Imperativ und John Rawls' Prinzip der Gerechtigkeit substanzielle Erweiterungen der Goldenen Regel kennengelernt, die dem Geist der Nächstenliebe entsprechen – und zugleich auf die Gestaltung einer rechtlichen und staatlichen Ordnung zugeschnitten sind.

Die Suche nach einer besseren Gerechtigkeit, die in der Bergpredigt angestoßen wird, führt also nicht in einen unfruchtbaren Gegensatz zwischen fragwürdiger Rechtsordnung und besserer Moral, sondern in eine produktive Spannung, in der die Perspektive auf den Nächsten, der mir gleich ist, ein Antrieb zur Entwicklung eines umfassenden Verständnisses von Gerechtigkeit ist.

Allerdings führt auch ein abstraktes Ideal einer gerechten Gesellschaft noch nicht zur *konkreten* Anerkennung anderer Menschen und ihrer Rechte. Dies ist im Anschluss an Georg Friedrich Wilhelm Hegel und Karl Marx in der Sozialphilosophie und kritischen Gesellschaftstheorie herausgearbeitet worden.

Für Hegel bildete die Auseinandersetzung mit den Formen der Liebe den Ausgangspunkt eines umfassenden theoretischen Programms, in dem die Ordnung des Zusammenlebens unter Gleichen nicht mehr nur von einer transzendenten göttlichen Autorität gefordert wird, sondern sich in einem Entwicklungsprozess als gesellschaftliche und staatliche Realität verwirklicht.[13] Hegel will in Abgrenzung zur Ethik Kants kein normatives Prinzip begründen, aus dem sich die Forderungen der Moral (und des Rechts) ableiten lassen, sondern die Denk- und Lebensformen beleuchten, in denen sich Moral *verwirklicht* und damit auch erst vollständig *legitimiert*.

Dieses Programm ist seither mit unterschiedlichen Prämissen und Akzenten immer wieder durchgeführt worden. Dabei wird die schrittweise Anerkennung von Rechten in der Entwicklung von Gesellschaft und Staat historisch und empirisch so nachgezeichnet, dass eine wechselseitige Anerkennung aller Bürger bzw. Menschen wenn nicht vollständig verwirklicht, so doch zwingend und erreichbar erscheint. Eine aktuelle und hochdifferenzierte Durchführung dieses theoretischen Programms liegt in den Schriften von Axel Honneth und seinen Schülerinnen und Schülern vor, in denen der Begriff der *Anerkennung* selbst eine zentrale Bedeutung hat.[14]

Ausgehend von Hegels Philosophie beschreibt Honneth einen idealtypischen „Kampf um Anerkennung", der die Entwicklung moderner Gesellschaft antreibt. Gesellschaftliche Konflikte, die diesem Idealtypus entsprechen, führen mit ihrer Befriedung zu einer neuen gesellschaftlichen Entwicklungsstufe, in der zuvor ausgeschlossene bzw. in ihren Rechten begrenzte Gruppen neu als gleichberechtigte Mitglieder der Gesellschaft anerkannt werden. Die wechselseitige gleichberechtigte Anerkennung der Mitglieder einer Gesellschaft wird nach Honneth nicht mit theologischen oder philosophischen Argumenten begründet; sie setzt sich erst in einer konflikthaften historischen Entwicklung durch, in der sich parallel die normativen Begriffe von Freiheit, Gleichheit und Gerechtigkeit entwickeln, an denen sich die Gesellschaften orientieren. Greifbar wird diese Entwicklung an den Punkten, an denen zuvor ausgeschlossene Gruppen von Menschen zu Trägern von gleichen

Rechten und gesellschaftlichen und politischen Einflussmöglichkeiten wurden.

Dass gesellschaftliche und rechtliche Anerkennung erst in Konflikten errungen und keineswegs aus Liebe gewährt wird, ist eine Erfahrung, die nacheinander alle gesellschaftlichen Gruppen machen mussten, die zuvor keine oder nur eingeschränkte Rechte besaßen: also Sklaven und Leibeigene, Besitzlose, Juden, Frauen und Einwanderer.

Der Kampf um Anerkennung steht offenkundig in Spannung zum Gebot der Nächstenliebe, welches nicht fordert, für die Anerkennung der eigenen Gruppe und ihrer Rechte zu kämpfen. Aus der Perspektive eines Kampfes um Anerkennung wird man die Forderung der Nächstenliebe, des Entgegenkommens und Rechtsverzichts als *Schwächung* auf dem Weg zur Anerkennung einschätzen. Aus der Perspektive der Nächstenliebe wird man die Konzentration auf die Anliegen und Interessen einer Gruppe als *Verengung* des universalen moralischen Horizontes ansehen. Doch ist dieser universale Horizont – wiederum aus der Perspektive des Kampfes um Anerkennung – leer, weil der Respekt und die Zuwendung für jeden beliebigen anderen Menschen historisch mit der Praxis gesellschaftlicher Ausgrenzung und Abwertung bestimmter Gruppen offenbar vereinbar schien. Die historische Argumentation ist – nun noch einmal vom Standpunkt einer Ethik der Nächstenliebe – jedoch nicht zwingend, weil der universale emanzipatorische Ausgang der Geschichte noch ungewiss ist: In gesellschaftlichen Entwicklungsstadien, in denen die wechselseitige Anerkennung *aller* Menschen weder gedacht noch praktiziert werden konnte, bringt eben nicht Anerkennung, sondern Nächstenliebe den universalen Anspruch menschlichen Miteinanders zur Sprache bringt.

Für Hegel wäre diese Spannung zwischen dem universalen Gebot und der universalgeschichtlichen Entwicklung Triebkraft eines dialektischen Prozesses, in dem das, was zuerst nur als Gebot Gottes überhaupt zur Sprache gebracht werden kann, sich in der Weltgeschichte historisch-dialektisch entfaltet und verwirklicht. Allerdings ist diese Sicht der Entwicklung der „Sittlichkeit" bzw. des Rechts sehr voraussetzungsreich und damit auch strittig. Darf man sagen, dass das wahre Verständnis der Nächstenliebe immer schon auf eine auf wechselseitige Anerkennung gleichberechtigter unterschiedlicher Menschen gegründete Gesellschaft ausgerichtet war und ist? Auch wenn man den weltgeschichtlichen Beweis für diese Hoffnung nicht antreten kann, empfiehlt es sich, die Praxis der Liebe und der Politik der Anerkennung aufeinander zu beziehen. Und hierfür muss man sich noch einmal die konzeptionellen Grenzen beider vor Augen führen.

Die konzeptionelle Grenze der Nächstenliebe habe ich bereits aufgezeigt: Es ist die Konzentration und Beschränkung auf die eine Person, der ich gegenüberstehe und in die ich mich hineinversetze. Zwar hatten wir auch gesehen, wie man in Erweiterung der Goldenen Regel ein Leitbild der Gerechtigkeit entwickeln kann, das die Perspektiven und Interessen *jedes* Menschen berücksichtigt. Allerdings hängt dieser Rahmen gewissermaßen in der Luft, weil man ihm zustimmen kann, ohne persönlich etwas für die Verwirklichung einer gerechten Gesellschaft tun zu müssen. Bei der Erweiterung des Horizonts geht die Verbindlichkeit der moralischen Forderung verloren, die in der nahen Begegnung liegt.

Diese Lücke kann die Perspektive der Anerkennung schließen. Sie fordert mich dazu auf, nicht nur persönlich Respekt und Zuwendung zu leben und eine grundsätzliche Vorstellung von einer gerechten Gesellschaft zu entwickeln, sondern die Rechte anderer Menschen praktisch und in konkreten Zusammenhängen anzuerkennen bzw. für sie einzutreten.

In vielen Hilfsorganisationen, die ihre Arbeit karitativ begonnen haben, wird dies längst praktiziert: Sie stellen nicht mehr nur Nahrungsmittel für akut hungernde Kinder zur Verfügung, sondern setzen sich für die Anerkennung ihrer Grundrechte ein. In dieser Praxis verschmelzen karitative und menschenrechtliche Arbeit – und das Zusammengehen in der Praxis führt zu einem erweiterten Verständnis von Nächstenliebe, in der die konkrete Hilfe eingerahmt wird in Bemühungen um die Durchsetzung von Rechten.[15]

Der Schritt von einem engen Verständnis der Nächstenliebe, das sich immer nur auf ein persönliches Gegenüber bezieht, zu einem erweiterten Verständnis, in dem auch die Durchsetzung von konkreten Rechtsansprüchen relevant ist, setzt ein grundsätzlich positives Verhältnis zur Rechtsordnung und umfassenden Durchsetzung von Rechten voraus. Das klingt trivial, ist es aber nicht, besonders wenn man dabei an umfassende Rechte aller Menschen denkt. Den umfassenden Rechten stehen umfassende Pflichten gegenüber, wenn Rechte tatsächlich durchgesetzt werden. Die Durchsetzung insbesondere sozialer Rechte verringert die gesellschaftlichen Asymmetrien, in denen ein Teil der Menschen dauernd auf die Unterstützung vermögender Anderer angewiesen ist, die sich überlegen können, ob und wie sie Unterstützung gewähren wollen. Sie führt dazu, dass Menschen sich ihrer Existenz sehr viel sicherer sind und weniger oft um Hilfe bitten müssen. Insofern greift die Durchsetzung von Rechten in die Praxis der Nächstenliebe ein. Sie verwandelt die *Bitten* von Menschen in akuter Not und schwierigen Lebenslagen in *Rechtsansprüche*, die von Gesellschaft und Staat eingelöst werden müssen. Die Durchsetzung von Rechten ist, wenn sie tatsächlich gelingt, im Sinne der Nächstenliebe, die ja – in der Sprache der Bergpredigt – von einem Hunger nach Gerechtigkeit begleitet ist.

Die Verbindung von Nächstenliebe und Anerkennung von Rechtsansprüchen ist aber nicht nur für diejenigen relevant, die bei der Erzählung vom barmherzigen Samariter beginnen und sich von dort aus in den Kampf um die Anerkennung sozialer Rechte begeben. Denn auch das Konzept der Anerkennung hat seine Grenzen. Es geht ja wesentlich davon aus, dass in gesellschaftlichen Konflikten (zwischen Arbeit und Kapital, Landlosen und Landbesitzern, Frauen und Männern usw.) die wechselseitige Anerkennung gleicher Rechtsansprüche errungen wird und nach Befriedung der Konflikte in eine durch die Rechtsordnung gerahmte stabile Haltung des wechselseitigen Respekts übergeht. Aber was ist, wenn Konflikte einen anderen Ausgang nehmen bzw. wieder aufflammen oder das friedliche Miteinander unterschiedlicher sozialer und religiöser Gruppen aufgekündigt wird? Die von Hegel inspirierten Theorien gehen von einem moralisch-zivilisatorischen Fortschritt aus, hinter den Gesellschaften bzw. Staaten nicht dauerhaft zurückfallen können. Aber ob es sich so verhält, ist ungewiss. Insofern ist das Konzept der wechselseitigen Anerkennung im Rahmen einer Rechtsordnung fragiler, als es den Anschein hat. In dem Maße, in dem eine solche Ordnung des Zusammenlebens brüchig wird, lebt die Gefahr wieder auf, dass Menschen in Zorn und Hass verfallen und so in die Konstellation geraten, in die das biblische Gebot der Nächstenliebe zuerst hineingesprochen wurde.

Noch in einer anderen Hinsicht ist das Konzept der Anerkennung ergänzungsbedürftig: Es sieht ja vor, dass sich gesellschaftliche Gruppen mit unterschiedlichen, auch gegensätzlichen Interessen, Gewohnheiten und Weltanschauungen wechselseitig anerkennen und miteinander kooperieren. Doch treten in diesen gesellschaftlichen Verständigungsprozessen die individuellen Lebenssituationen in den Hintergrund. Gesellschaftliche

Errungenschaften und Rechtsansprüche gegenüber dem Staat gehen nicht selten ins Leere, wenn nicht Menschen hinzukommen, die die individuelle Lage eines anderen Menschen sehen und zu konkretem Handeln bereit sind.

4. Die Bitten der Menschen und das Gebot Gottes

Eine biblisch gegründete Ethik der Nächstenliebe hat zwei normative Bezugspunkte, die intuitive Einsicht in der Nähe eines anderen Menschen und den Horizont, der sich jenseits aller Intuition ergibt, wenn man dem *einen* Gott verbunden ist, den alle Menschen anrufen können.[16] Wenn das höchste Gebot des einen Gottes darin besteht, sich in Verbundenheit mit ihm dem Nächsten zuzuwenden, so werden damit spezifisch religiöse Verpflichtungen, die an bestimmte Orte, Riten, Rollen und Zugehörigkeiten gebunden sind, in ihrer Bedeutung relativiert. Sehr pointiert könnte man sagen: Das höchste *Gebot* Gottes ist die Forderung, auf die *Bitten* der Mitmenschen einzugehen.

Bitte und Gebot treten beide in der Form eines *Imperativs* in Erscheinung, der sich nicht aus meinem Wollen ergibt, sondern mich von außen erreicht. Nicht nur das „Du sollst" des göttlichen *Gebots* ist ein Imperativ, sondern auch die *Bitte*, mit der sich ein Mensch in meiner Nähe an mich wendet. Die Bitte ist die Grundform, in der ein dringendes Anliegen eines Mitmenschen an mich herangetragen wird.

Bitten haben natürlich nicht immer den tieferen Sinn, dass mir ein anderer mir nicht verbundener Mensch sein dringendes Anliegen vorträgt und ich mich moralisch verpflichtet fühle, ihm entgegenzukommen. Sie werden fortwährend auch in engen und dauerhaften Beziehungen verwendet, die ein Geflecht von wechselseitigen Verpflichtungen darstellen. Und sie begleiten als Gesten auch unpersönliche konventionelle Begegnungen. Aber in allen diesen Zusammenhängen sind sie *Imperative*: Die eine Person fordert die andere Person ohne weitere Umschweife zu einer Reaktion auf. Sie *verpflichtet* sie zu einem bestimmten Verhalten – und das wesentliche Merkmal der Bitte ist, dass sie weder mit einem Rechtsanspruch noch mit Zwang verbunden ist. Die andere Person kann „Nein" sagen – und tut das unter Umständen auch.

Bitten von moralischer Relevanz verpflichten ebenfalls ohne Zwang und Rechtsgrundlage, und auch in diesem Fall ist die Verpflichtung *nicht überwältigend*. Die angesprochene Person kann „Nein" sagen. Eine typische Konstellation in einer universalen Moral der Nächstenliebe ist die Konfrontation mit einer dringenden Bitte eines Unbekannten, der eine Wohnung braucht, auf die man jedoch nicht reagiert, weil man seine Wohnung für die eigene Familie reserviert. Im Sinne der Nächstenliebe müsste ich den Unbekannten übergangsweise in meine Wohnung aufnehmen. Ich könnte es womöglich auch, denn es ist noch ein Zimmer frei. Aber ich öffne die Tür nicht, weil ich mich meiner Familie sehr viel mehr verpflichtet fühle. Für Bitten ist es typisch, dass sie auch unerfüllt bleiben, für die Forderung der Nächstenliebe ist es das auch.

Die Bitte *verpflichtet* in einer wirksamen, aber nicht überwältigenden Weise – und die verpflichtende Wirkung geht *von einer anderen Person* aus. Vertreter einer autonomen Moral würden die moralische Verpflichtung im Selbstverständnis der angesprochenen Person lokalisieren: Bitten hätten also nur bei Menschen eine Wirkung, die sich selbst dazu verpflichtet haben, auf die Bitten anderer Menschen einzugehen. Das ist ein Teil der Wahrheit. Wenn mich jemand etwas bittet, habe *ich* es in der Hand, mit „Ja" oder „Nein" zu reagieren. So ist auch erklärlich, warum manche Menschen stärker auf die Bitten anderer reagieren: weil sie besonders freundliche, aufmerksame, zugewandte Menschen sein *wollen*. Aber erklärt wird mit der Bezugnahme auf mein Selbstverständnis nicht, warum ich *überhaupt* auf Bitten reagiere. Es wäre absurd zu sagen, dass sich Menschen irgendwann dazu entscheiden, auf die Bitten anderer zu reagieren (oder auch nicht) – und ebenso absurd wäre eine Moral, in der die Bitten anderer gar keine Rolle spielen würden, weil das autonome Subjekt seine moralische Verpflichtung nur in der von anderen Menschen abgewandten Selbstreflexion in Kraft setzen würde.

Im praktischen Leben wendet man sich nicht selten ab, wenn eine Bitte im Raum steht, aber nicht etwa, weil man der Bitte oder dem bittenden Menschen gleichgültig gegenüberstünde. Vielmehr geht es oft darum, dass wir *der verpflichtenden Kraft der Bitte* eines anderen Menschen *ausweichen*, das eigene Leben und seine Interessen vor ihr schützen wollen. Die Beziehung zwischen den *Bitten der anderen* und *meinem Selbst*verständnis könnte man also so beschreiben, dass ich angesichts der vielen (ausgesprochenen oder unausgesprochenen) Bitten der anderen klären muss, welche ich an mich herankommen lassen will.

Um die in der Bergpredigt angelegte Argumentation zusammenzufassen, die wir oben (Kapitel II, Abschnitt 4) bereits kennengelernt haben: Die Bitte ist zu unterscheiden von einer Forderung, die mit rechtlichen Mitteln oder mit Gewalt durchgesetzt werden kann. Aber auch wenn sie ihre Erfüllung nicht erzwingen kann, hat die Bitte eine eigentümliche Kraft. Vordergründig erscheint es so, als hätten sanktionierte Forderungen das größere Gewicht gegenüber einer Bitte, bei der ich auch „Nein" sagen kann, ohne negative Konsequenzen zu befürchten. Bei näherem Hinsehen zeigt sich aber, dass die Sanktionen für sich genommen keinen guten Grund darstellen: Sie fügen der unmittelbaren Verpflichtung, auf das Anliegen eines Mitmenschen einzugehen, *äußere* Gründe hinzu, die in der Bergpredigt kritisch beurteilt werden. Der moralische Grund, auf das Anliegen eines Mitmenschen einzugehen, liegt darin, dass er mich darum bittet – nicht in den Konsequenzen, die mir drohen, wenn ich es nicht tue. In der Art und Weise, wie Menschen bitten und auf Bitten reagieren, gibt es graduelle Unterschiede: Einige Menschen reagieren nur auf die Bitten ihrer Angehörigen, z. B. ihrer Kinder. Aber viele andere reagieren auch, wenn sie gebeten werden, unerwartete Gäste aufzunehmen oder auszuhelfen, wenn im Nachbarhaus Lebensmittel fehlen.

Eine wichtige Rolle bei der Praxis des Bittens liegt in der Art und Weise, wie Gegenseitigkeit – im Sinne der Goldenen Regel – praktiziert wird: Man kann die Gegenseitigkeit eng fassen und nur auf Bitten eingehen, wenn geklärt ist, dass auch auf meine Bitten eingegangen wird, – oder aber die Bitte eines anderen Menschen ohne Rücksicht auf die weiteren Konsequenzen für einen guten Grund halten, auf sie einzugehen. Dieses letztere Verständnis wird in der Bergpredigt als die „bessere Gerechtigkeit" oder auch als „Vollkommenheit" ausgezeichnet. Menschen, die sich so verhalten, orientieren sich an *Gott*, der die Bitten der Menschen ohne weiteres als Grund ansieht, sie zu erhören.

Gott kommt in die Reflexion der Forderung der Nächstenliebe als derjenige hinein, *der das Bitten legitimiert.* Die Legitimität des Bittens wird in jedem Gebet, mit dem ich mich bittend an Gott wende, reflektiert: Indem ich bitte, mache ich mir klar, erkenne ich an, dass *Bitten ohne weiteres legitim* sind – und zwar gegenüber Gott und anderen Menschen – das wird in der Bergpredigt gar nicht unterschieden.

Dass Bitten ohne weiteres legitim sind, ist weder in religiöser noch in moralischer Hinsicht selbstverständlich. In der religiösen Dimension könnte es ja eines besonderen Rituals, einer Vermittlung oder einer Gabe bedürfen, damit ich mein Anliegen vor Gott bringen darf. Nach der Bergpredigt besteht jedoch die Möglichkeit, sich im Verborgenen an den verborgenen Gott zu wenden, ohne die besonderen Anforderungen öffentlicher Religion zu erfüllen. Damit werden diese Anforderungen, die sich in verschiedenen religiösen Gemeinschaften und Schulen unterschiedlich darstellen, relativiert. Zugleich wird an die elementare Praxis des unmittelbaren Bittgebets angeknüpft, das in vielen Religionen praktiziert wird.

Auch im gesellschaftlichen Zusammenleben bedarf es häufig besonderer Voraussetzungen und Prozeduren, damit ich mein Anliegen vortragen darf. Ich muss Staatsbürgerin oder Staatsbürger sein, einen festen Wohnsitz haben, Mitglied einer Krankenkasse etc., damit ich an den entsprechenden Stellen angehört werde. Doch haben derartige einschränkende Bedingungen in der Logik des Bittens und Bitten-Hörens keine moralische Relevanz: Wenn ein Mensch eine Bitte äußert, ist dies ein ausreichender Grund, darauf einzugehen. Aus der grundsätzlichen moralischen Relevanz von Bitten folgt natürlich *nicht*, dass *jede* Bitte sinnvoll, angemessen, erfüllbar usw. wäre. Es gilt lediglich, dass eine Bitte nicht deshalb ignoriert oder zurückgewiesen werden kann, weil sie nur eine Bitte ist.

Indem die Forderung der Nächstenliebe das Gebot des *einen* Gottes ist, an den sich alle Menschen wenden können, kann sie nicht auf den Kreis der Menschen beschränkt sein, mit denen ich mich besonders verbunden fühle. Ich kann mir, wenn ich mit dem einen Gott verbunden bin, nicht aussuchen, wem ich Respekt und Zuwendung schulde: Jede Person, die in meine Nähe kommt, hat darauf Anspruch. Wenn die Forderung der Nächstenliebe mit der Bindung an den einen Gott zu einem höchsten Gebot verflochten wird[17], so wird die intuitiv wirkende Kraft der Bitte durch die religiöse Reflexion vertieft: Ich mache mir klar, dass im Namen des *einen* Gottes die Bitte *jedes* Menschen zählt.

Damit wird zugleich auch der Horizont religiöser Reflexion über die Gebote Gottes verändert: Das höchste Gebot des einen Gottes stellt nicht eine besondere, nur innerhalb einer bestimmten Tradition überhaupt verständliche Aufgabe dar, sondern wird in einer von den Tiefen religiöser Tradition unabhängigen alltäglichen Lebenspraxis erfüllt: der Praxis des Bittens, die sich an Menschen in meinem Umfeld richtet und im Gebet an Gott. Damit wird auch verständlich, wie das Gebot des einen Gottes alle Menschen unabhängig von ihrer religiösen, kulturellen oder sozialen Einbindung adressieren kann. Und so wird begreiflich, dass es *einen* Gott *aller* Menschen gibt.

Ich hatte in der Auseinandersetzung mit der autonomen Ethik Kants auf die innere reflexive Struktur der Ethik der Nächstenliebe hingewiesen – im Unterschied zu einer Ethik, die sich nur auf religiöse Autorität gründen würde. In diesem Abschnitt ist deutlich geworden, dass das Gebet, insbesondere das Bittgebet die konkrete

Form der Reflexion ist, in der ich mein Leben in Wechselwirkung mit meinen mehr oder minder nahen „Nächsten" und meine und ihre Angewiesenheit auf Zuwendung reflektiere. Dass mir die Forderung der Liebe als höchstes Gebot vor Augen steht, ist ein Maßstab, an dem ich andere religiöse, kulturelle oder soziale Anforderungen messe.

5. Intuitive und institutionelle Nächstenliebe

Seit dem 19. Jahrhundert versteht man in Europa und Nordamerika unter Nächstenliebe vor allem das institutionalisierte und organisierte Handeln für Menschen in Not oder in schwierigen Lebensbedingungen. Um die Kirchen herum haben sich mit „Diakonie" und „Caritas" große Organisationsgeflechte gebildet, die mit ihrem Namen den Anspruch verbinden, Nächstenliebe zu verwirklichen. Neben diesen gibt es viele weitere christliche Organisationen, die ebenfalls die Forderung der Nächstenliebe mit modernen Mitteln verwirklichen wollen. In der Deutung des eigenen Handelns bezieht man sich zum Beispiel auf die Erzählungen vom barmherzigen Samariter oder vom großen Weltgericht, wo der uneigennützige Einsatz zugunsten kranker, ausgeschlossener und benachteiligter Menschen angesprochen wird.[18] Andere Aspekte der biblischen Tradition treten in den Hintergrund: So verliert die Nähe als der Raum der unmittelbaren Begegnung und der Bewältigung von Konflikten ihre konstitutive Bedeutung. Der „Nächste" erscheint häufig als ein „ferner Nächster" außerhalb des persönlichen Umfelds, der mir gar nicht persönlich zu nahe treten kann. Der religiöse Horizont wird zwar als Motivation für die praktische Hilfe angesprochen, aber auch eingeklammert: Die Betonung liegt dabei auf dem *Handeln*, mit dem Notlagen anderer Menschen gelindert, ihre Chancen auf ein gutes Leben verbessert werden sollen. Die „tätige" Nächstenliebe oder „Hilfe" wird durch „karitative" *Institutionen* bzw. *Organisationen* vermittelt, die freiwilliges Engagement oder den Einsatz von Geld bündeln und kanalisieren.

Zu einer *Institutionalisierung* der Hilfe für die biblisch-sprichwörtlichen Witwen und Waisen, für kranke, fremde oder sehr arme Menschen ist es in der christlichen Kirche wohl schon in der Spätantike gekommen.[19] Durch die Schaffung einer Institution wird das Handeln zugunsten des hilfebedürftigen Nächsten auf Dauer gestellt und erhält einen überpersönlichen Charakter.

In der Geschichte der Kirchen spielt nicht nur die Schaffung von Institutionen der Nächstenliebe, sondern auch die wirkungsvolle Organisation von Nächstenliebe eine große Rolle.[20] Mit der *Organisation* ist vor allem die *Versachlichung* der Aufgabe verbunden.[21] Die Lebenslagen und -krisen, in denen Menschen Rat, Hilfe oder kontinuierliche Unterstützung benötigen, werden nicht situativ wahrgenommen, sondern dem Anspruch nach systematisch und differenziert, ohne Vorurteile und subjektive Bewertungen analysiert. Die darauf aufbauenden

Angebote und Interventionen sind in ihrer Wirkung bekannt und werden im Dialog mit dem Hilfe suchenden Menschen eingesetzt. Die handelnden Personen sind für ihre Tätigkeit qualifiziert und auf berufliche Standards verpflichtet, die auch die Begegnungen in persönlicher Nähe umfassen. Durch neutrale Regeln festgelegt ist schließlich auch, wer berechtigt ist, die Hilfeleistung zu empfangen.

Hier ist an die verschiedenen Phasen des Aufbaus von Trägern von Sozial- und Gesundheitseinrichtungen seit dem 19. Jahrhundert zu erinnern, die bis in die zweite Hälfte des 20. Jahrhunderts in großer Zahl von katholischen Ordensleuten bzw. evangelischen Diakonissen und Diakonen, aber auch von christlich motiviertem bürgerlichem Engagement geprägt waren.[22] Aber auch die anschließende Entwicklung von Caritas und Diakonie im expandierenden Sozialstaat ist zu betrachten, in der sich das soziale Handeln von der Gemeinde und schrittweise auch von den sozial-caritativen Gemeinschaften und ihren spezifischen religiösen Traditionen ablöste.[23]

Die Unterschiede zwischen der intuitiven Nächstenliebe, die der barmherzige Samariter verkörpert, und dem auf Dauer gestellten und professionalisierten Handeln karitativer Organisationen sind groß: auf der einen Seite das persönliche, in seiner Wirkung begrenzte Verhalten in der Begegnung mit einem Mitmenschen, auf der anderen Seite ein auf Dauer angelegtes, arbeitsteiliges Handeln in einem rechtlichen und ökonomischen Rahmen.

Viele Organisationen der Nächstenliebe führen ihre Gründung jedoch auf eine intuitive, „charismatische" Einsicht in die Notwendigkeit regelmäßigen Engagements zurück. Mit dem Aufbau einer Organisation, der Gewinnung und Qualifizierung von Personal, der Beschreibung ihrer Leistungen, der finanziellen und rechtlichen Absicherung ist die Praxis nicht mehr nur von einer intuitiven Einsicht geleitet, sondern durch ein komplexes Regelwerk geformt. Die Grundelemente der Nächstenliebe werden Teil des formalen Regelwerks: Beruflich wie ehrenamtlich tätige Mitarbeitende werden zu Respekt und Zuwendung und zur Bereitschaft, auf die Bitten des Gegenübers einzugehen, verpflichtet. Einen solchen Weg von der intuitiven Einsicht in die Notwendigkeit von respektvoller Hilfe für Menschen in einer schwierigen Lebenssituation hin zur Institutionalisierung von Hilfe kann man für viele christlich oder auch humanistisch geprägte Sozial- und Gesundheitsdienste nachzeichnen: Aus unmittelbarem persönlichen Engagement und der Suche nach passenden Formen der praktischen Unterstützung entwickeln sich Organisationen mit Fachwissen, die sich rechtlich und wirtschaftlich verselbständigen.

Auf den ersten Blick könnte man aus diesen Entwicklungen schließen, dass in der Idee der Nächstenliebe ihre Institutionalisierung und Organisation schon angelegt ist. Diese Auffassung ist angesichts des Wachstums moderner karitativer Organisationen auch vertreten worden – mit der Zuspitzung, die Institutionalisierung sei ein besonderes Merkmal christlicher Ethik.[24] Auf den zweiten Blick ist jedoch auch zu erkennen, dass die Institutionalisierung von Hilfen von ihren Initiatoren als zwiespältig empfunden wird: Ein neueres Beispiel hierfür ist die Hospizbewegung, die nicht nur – in Gestalt der Hospize – kleine Inseln selbstbestimmten Sterbens schaffen, sondern die Gesellschaft insgesamt für einen veränderten Umgang mit den letzten Monaten und Wochen des Lebens gewinnen will. Auch in anderen Feldern wird die Institutionalisierung von Hilfen auch kritisch beurteilt: als ein notwendiger Kompromiss, der widerspiegelt, dass die respektvolle Zuwendung und Aufmerksamkeit, die Menschen in schwierigen Lebenslagen oder mit Gesundheitsproblemen benötigen, ihnen außerhalb von Institutionen nicht in ausreichendem Maße entgegengebracht wird.

Die Grenzen *intuitiver* Nächstenliebe liegen auf der Hand: Respektvolle Zuwendung ist eben nicht durchsetzbar. Zwar hat die Bitte meines Gegenübers eine eigentümliche Kraft, aber ich kann mich auch abwenden. Deshalb liegt es nahe, durchsetzbare Regeln dort einzuführen, wo die Zuwendung existenziell notwendig ist. Allerdings hat auch die Institutionalisierung der Nächstenliebe ihre Grenzen. Denn Institutionen sind auf Menschen und ihre Bereitschaft angewiesen, an organisierter/institutionalisierter Nächstenliebe verbindlich mitzuwirken oder eine solche Organisation zu unterstützen. Dafür ist wiederum ausschlaggebend, ob viele Menschen die Notwendigkeit respektvoller Zuwendung nicht nur abstrakt anerkennen, sondern sich auch konkret angesprochen fühlen.

An dieser Stelle wird klar, dass die *intuitive* Nächstenliebe die Grundlage auch für institutionelle Formen der Nächstenliebe darstellt. Es wäre also verfehlt, die individuelle Intuition und das organisatorische Handeln in einen unfruchtbaren Gegensatz zu bringen: Sinnvollerweise handelt es sich um ein Kontinuum von persönlicher Einsicht und Motivation und strukturellen Rahmenbedingungen, die ohne die persönliche Intuition und Motivation leerlaufen würden.

Die intuitive Nächstenliebe ist *nicht nur als Motiv* des einzelnen Menschen bedeutsam, in einer Organisation oder Institution der Nächstenliebe mitzuwirken, sondern auch als *innerer Maßstab*, mit dem die Grenzen und Schwächen formal geregelten Handelns erkannt und korrigiert werden können: Mit der Versachlichung und Formalisierung von Leistungen und Standards sind Einschränkungen verschiedenster Art verbunden: Sie führen dazu, dass die Person, die mir gegenübersteht, als krank, pflegebedürftig, ratsuchend etc. betrachtet wird – und anhand dieser Klassifikation entscheidet sich, welcher professionelle Dienst ihr eine (oft spezialisierte) Leistung anbietet. Wenn sie sachgerecht sind, dienen derartige Abgrenzungen der Arbeitsteilung und der Wirksamkeit der Hilfe. Aber mit der Abgrenzung und Arbeitsteilung tritt in den Hintergrund, dass mir ein Mensch gegenübersteht, der „mir gleich" ist, wie es im Gebot der Nächstenliebe heißt. Das Liebesgebot und die

Goldene Regel wirken in ihrem intuitiven Sinn als Korrektiv gegen die Asymmetrie und Definitionsmacht professioneller Hilfe.

6. Ist Nächstenliebe spezifisch christlich?

Die Ethik der Nächstenliebe steht gewissermaßen auf zwei Beinen: Sie schließt an die beim Hören einer Bitte gewonnene intuitive Einsicht an, dass mein Gegenüber ein Mensch *wie ich* ist – und sie hat ein religiöses Fundament in der Bindung an den *einen* Gott, der – ebenfalls in der Form der Bitte – für *jeden* Menschen erreichbar ist. Letzteres ist eine theologische Voraussetzung, die angesichts der in praktisch allen Religionen üblichen Praxis des Bittgebets zwar einen intuitiven Anknüpfungspunkt hat, jedoch auch kontrovers ist, weil sie die Abgrenzung zwischen den verschiedenen religiösen Traditionen relativiert. Dass der eine Gott die Bitten aller Menschen auch ohne die vielfältigen und strittigen Wege ritueller Vermittlung hört, eröffnet einerseits einen universalen religiösen Horizont, ist andererseits selbst eine strittige theologische Auffassung unter anderen.

Die Spannung zwischen dem universalen Horizont der Nächstenliebe und der Frage der theologischen Begründung bzw. religiösen Vergewisserung wird in den biblischen Grundtexten nicht aufgelöst. So stellt sich die Frage, wie man mit dieser Spannung in der heutigen Rivalität und Koexistenz verschiedener Religionen und

Weltanschauungen umgehen soll. In der theologischen Diskussion des 19. und 20. Jahrhunderts hat lange die Vorstellung dominiert, dass Nächstenliebe eine spezifisch christliche Haltung ist – in Abgrenzung gegenüber dem Judentum und Humanismus und mit den für den Konfessionalismus charakteristischen innerchristlichen Abgrenzungsbemühungen.[25]

Wenn man sich aus dieser ideologischen Konstellation des 20. Jahrhunderts herauslöst, stellt sich die Frage nach dem religiösen Charakter der Nächstenliebe in anderer Weise. Im Dialog mit dem Judentum wird man nicht in einen Wettstreit gegensätzlicher Religionen eintreten, wie er in der ersten Hälfte des 20. Jahrhunderts gang und gäbe war. Vielmehr geht es darum, aus der gemeinsamen Wurzel – der Verbundenheit mit dem einen Gott und dem Gebot der Nächstenliebe – Folgerungen zu ziehen, die möglichst auch für jüdische Ausleger nachvollziehbar sind. In Kapitel II, Abschnitt 1 habe ich vorgeschlagen, aus den neutestamentlichen Aussagen zum Doppelgebot der Liebe einen ethischen Monotheismus abzuleiten, der in der Bindung an den einen Gott die Forderung der Nächstenliebe universalisiert: Weil der eine Gott sich allen Menschen zuwendet und von ihnen im Gebet angerufen werden kann, ergibt sich aus der Bindung an Gott die Verpflichtung, jeden anderen Menschen als Nächsten anzunehmen. Diese Aussage entspricht der christlichen Botschaft, der zufolge alle Menschen sich dem einen Gott ohne weiteres zuwenden können – sie ist aber möglicherweise auch aus der Perspektive jüdischer Ethik relevant. Inwiefern die Vorstellung eines um die Nächstenliebe konzentrierten ethischen Monotheismus auch für den Dialog mit aufgeschlossenen Strömungen im Islam geeignet ist, ist ein weitergehender Gedanke.

Im Dialog mit einem ethischen Humanismus, der wechselseitigen Respekt und Zuwendung unter Menschen ohne einen religiösen Bezugspunkt fordert, geht es darum, die auf Jesus zurückgehende Perspektive verständlich zu machen, ohne die Möglichkeit eines inhaltlich verwandten humanen Ethos zu bestreiten. Die Betonung der intuitiven Verpflichtung in der Begegnung mit einem anderen Menschen ist die Brücke zur humanistischen Ethik: Wenn in der Erzählung vom barmherzigen Samariter das spontane Mitleid im Kontrast zur Gleichgültigkeit religiöser Amtspersonen hervorgehoben wird, so wird damit deutlich gemacht, dass die Zuwendung zum Mitmenschen ihre Gültigkeit nicht durch religiöse Motive erhält. Insofern kann sich die christliche bzw. religiöse von der humanistischen Ethik nicht dadurch abheben wollen, dass erst eine bestimmte Glaubenshaltung die gute Tat zur Nächstenliebe adelt.

Allerdings darf daraus nicht geschlossen werden, dass es nur auf das Tun des Guten ankommt und die religiöse Reflexion entbehrlich wäre. Sie ist es ja, die verständlich macht, warum um Gottes willen die Bitte *jedes* Menschen zählt.

Um eine universalistische Moral zu begründen, gehen humanistische und christliche Ethik unterschiedliche

Wege: Im Humanismus kommt es darauf an, aus dem gemeinsamen Wesen des Menschen bzw. der Menschheit abzuleiten, warum Menschen einander nicht gleichgültig sein, ihre wechselseitigen Konflikte beilegen und sich einander respektvoll zuwenden sollten. Wir hatten mit Kant eine Position näher kennengelernt, die die Grundlage der Moral in der Vernunft sieht, haben dabei aber wahrgenommen, dass auch diese Form der Moralbegründung anfechtbar ist. Die mit dem Humanismus verbundene Hoffnung, dass eine alle Menschen erreichende unstrittige Moralbegründung gelingen könne, wenn man von den strittigen religiösen Überzeugungen absieht, hat sich nicht erfüllt. Denn nicht nur religiöse Überlieferungen, sondern auch das Wesen des Menschen ist Gegenstand von tiefgehenden Kontroversen.

Es ist offenbar wenig aussichtsreich, die Frage nach der Begründung einer universalistischen Moral so zu formulieren, dass die Antwort im Hinweis auf ein metaphysisches („Vernunft", „Wesen des Menschen") oder religiöses Datum („das Gebot Gottes") bestünde. Da über diese Bezugspunkte keine Einigkeit besteht, könnte eine auf sie aufbauende Moralbegründung leicht dahingehend missglücken, dass die universalistische Moral nur in einem ganz besonderen weltanschaulichen oder religiösen Kosmos Gültigkeit beanspruchen könnte.

Um dieser durchaus realen Gefahr zu begegnen, ist es hilfreich, sich zu vergegenwärtigen, wie Menschen nach moralischer Orientierung suchen, und die unterschiedlichen Reflexionsformen transparent zu machen.

In der Goldenen Regel hatten wir eine in verschiedenen Kulturen verbreitete Reflexionsformel kennengelernt, die im Rahmen einer Ethik der Nächstenliebe das Liebesgebot konkretisiert. Wir hatten nachgezeichnet, wie sich der in der Goldenen Regel vorgezeichnete Perspektivwechsel erweitern lässt und dabei den kategorischen Imperativ und eine Theorie der Gerechtigkeit gestreift. Diese Reflexionsformeln sind in einer humanistischen Ethik genauso nutzbar wie in einer christlichen Ethik. Die Unterschiede ergeben sich aus der Prämisse, mit der man in die moralische Reflexion hineingeht. Für die an die Bergpredigt anschließende Ethik der Nächstenliebe spielt hier die Praxis des Bittens, Bitten-Hörens und Betens eine wichtige Rolle. Für einen humanistischen Ansatz muss die Reflexionsform eine andere sein, wenn sich der Humanismus insbesondere von der Praxis des Gebets abgrenzt: Zum humanistischen Pathos gehört ja die Aussage, dass die Götter nicht auf die Bitten der Menschen hören und deshalb die Menschen die Gestaltung des Zusammenlebens unter sich verantworten müssen.[26]

Im Bitten werde ich mir über wichtige oder dringende Anliegen klarer, eben indem ich sie als Bitte ausspreche. Dabei wird mir bewusst, dass ich auf Empathie und Zuwendung angewiesen bin – und kann dann den Bitten anderer Menschen mehr Bedeutung beimessen. Dies ist ein Ansatzpunkt für weitere moralische Reflexionen darüber, wie das Zusammenleben in wechselseitigem Respekt und Zuwendung – oder weiter noch: eine gerechte Gesellschaft – gestaltet werden muss. Die Einsicht in die reflexive Struktur des Bittgebets wird einen Humanisten nicht in einen Beter verwandeln. Aber der religiöse Charakter der Ethik der Nächstenliebe sollte für ihn so besser nachvollziehbar sein.

Ob die Ethik der Nächstenliebe für Menschen anderer Religionen und Weltanschauungen nachvollziehbar ist, kann ich nicht beurteilen. Als ich entlang der Paulusbriefe zu erklären versucht habe, warum der christliche Monotheismus kein inklusiver Monotheismus sein kann, habe ich das Neben-, Über- und Untereinander unterschiedlicher religiöser Instanzen und Herrschaftsansprüche in ein kritisches Licht gestellt. Das ist die Auffassung des Paulus, für den die „Engel, Mächte und Gewalten" vergängliche Hindernisse für das Leben mit dem einen Gott darstellen. Das ist eine radikale These, die so missverstanden werden konnte, als sollten im Namen des einen Gottes gewaltsam andere religiöse Traditionen unterdrückt und ausgelöscht werden.[27] Aber es war dabei immer klar, dass das höchste Gebot des einen Gottes verletzt wurde.

IV. Meditation der Nächstenliebe

1. Nähe

Das Gebot der Nächstenliebe gilt in der *Nähe*, vor allem in der direkten Begegnung mit einem anderen Menschen. Es gilt, ohne dass es ausdrücklich vereinbart wäre.

Nähe verspricht Vertrautheit und Verbundenheit, in der Nähe brechen aber auch Konflikte auf. Beinahe an jedem Tag des persönlichen Lebens geht es darum, Vertrauen und Verbundenheit wiederherzustellen und mit Konflikten gut umzugehen. Je näher mir Menschen sind und je weniger ich ihnen ausweichen kann, desto schärfer empfinde ich Gegensätze und Konflikte: Ich werde zornig, wenn sie mich schlecht behandeln, werde neidisch, wenn es ihnen besser geht als mir, ich gehe in Konkurrenz um Aufmerksamkeit, Ansehen oder die materiellen Güter des Lebens und verfalle sogar in Hass, wenn sie mir fremd werden. Zorn, Neid, Rivalität, Hass und Rachebedürfnis machen das Zusammenleben schwer. Sie verschärfen Konflikte und kennen keine innere Grenze. Dagegen steht die Notwendigkeit, miteinander klarzukommen. Die unvermeidliche Enge – in Wohnungen, Stadtteilen, bei der Arbeit usw. – macht den Raum der Nähe dicht und erfordert Interaktion und Abstimmung mit den Nächsten. Die Fähigkeit, auch mit Fremden auf engem Raum zu leben und zu arbeiten, ist eine Gabe, die notwendig für ein gutes Zusammenleben in der Gesellschaft ist.

In der europäischen Nachkriegszeit schien eine befriedete Gesellschaft, in der alle großen ökonomischen, sozialen und weltanschaulichen Konflikte moderiert werden, ein gemeinsames und beinahe erreichtes Ziel. Mit dem Terminus erinnerte man sich an eine vergangene Zeit grausamer Gewalt, ungelöster Konflikte und großer Gleichgültigkeit, die man gemeinsam hinter sich lassen wollte. Doch hat die Bereitschaft, Konflikte zuzuspitzen, inzwischen wieder zugenommen – auch im Raum der Nachbarschaft, in der man sich bei Meinungsverschiedenheiten aus dem Weg geht und auch deutlich Ablehnung signalisiert.

Die Forderung der Nächstenliebe erhält unter dieser Voraussetzung ihren ursprünglichen Sinn zurück. Er war zurückgetreten hinter der Vorstellung, der Nächste sei vor allem ein unbekannter in Not geratener Mitmensch, der Hilfe benötigt. Aber es geht in der Nächstenliebe nicht nur darum, unbekannte Menschen in ihren Bedürfnissen wahrzunehmen, sondern auch im Konflikt im Gegenüber einen Menschen zu erkennen, der mir gleich ist.

2. Bitten in meiner Nähe

Das Gebot der Nächstenliebe ist ein Zwischenruf in die vielen Interaktionen und Konflikte in der Nähe, die mich fast ununterbrochen beschäftigen: Sieh dir dein Gegenüber für einen Moment an, wie du dich selbst ansiehst, als einen Menschen mit eigenen Gedanken, Empfindungen, Interessen, einer Lebensgeschichte! Sie oder er ist ein Mensch wie du.

Für einen Augenblick hält man inne, wenn eine solche Ansage ertönt. Mitten in den emotionalen Verwicklungen, die zur Nähe gehören, tut schon die Unterbrechung gut. Dann stellt sich die Frage, ob ich der Aufforderung folgen will. Ein Gebot fordert, aber zwingt nicht. Es führt nicht meine Hand zum Handschlag mit einem Menschen, mit dem ich mich streite – und verändert auch meine innere Einstellung nur, wenn ich dazu bereit bin. Ich kann „Ja" oder „Nein" sagen bzw. mich entsprechend verhalten.

Das Gebot der Nächstenliebe hat eine kleine Schwester im Alltag des Lebens: die Bitte. Auch die Bitte unterbricht eine laufende Interaktionskette: *Bitte, können Sie mir helfen? Könntest Du bitte ...?* Bitten haben eine eigentümliche Kraft. Wir fragen normalerweise nicht „Warum?", sondern reagieren direkt. Die Kraft der Bitte wirkt in der Nähe. Es ist nicht leicht, eine Bitte abzuschlagen, wenn sie mir ins Gesicht gesagt wird. Die Kraft der Bitte erreicht mich auch dann, wenn ich den Menschen, der mich anspricht, nicht kenne oder mich mit ihm gestritten habe. Oft ist eine Bitte der erste Schritt, um einen Streit zu unterbrechen oder eine Situation zu verändern, die zuvor von Ablehnung, Misstrauen oder Feindseligkeit bestimmt war. In die Form der Bitte werden zwar auch andere Interaktionen verpackt, zum Beispiel Anweisungen, denen man zur Vermeidung von Sanktionen folgen muss, oder Tauschgeschäfte aller Art. Aber in der Grundform ist eine Bitte frei von Zwang oder Gegenleistung: Ein Mensch spricht einen anderen an und bittet ihn ohne weiteres, etwas zu tun.

Nächstenliebe besteht vor allem darin, auf die Bitten meiner Mitmenschen zu reagieren. Nicht jede Bitte werde ich erfüllen können und wollen. Aber hören soll ich sie – und wenn ich sie höre, dann entfaltet sich die Kraft der Bitte, auf die ich mindestens anerkennend, sehr oft zustimmend reagiere. Die Kraft der Bitte wirkt auch, wenn ich meinem Gegenüber nicht zugetan bin.

Der Blick auf das Bitten und Bitten-Hören löst ein Rätsel, das viele Menschen ins Grübeln bringt, wenn sie über das Gebot der Nächstenliebe nachdenken: *Wie kann denn Liebe geboten sein?* Könnten sich meine Gefühle wie auf Befehl verändern? Die Lösung liegt in der Konzentration auf die Bitte: Es geht in der Nächstenliebe darum, die Bitten der anderen Menschen zu hören und darauf zu reagieren. Das ist etwas, das ich direkt tun kann, selbst wenn mir mein Gegenüber nicht vertraut oder lieb ist. Es ist sogar etwas, das ich in der konkreten Begegnung auch mit Unbekannten ohne weiteres tue –

eine geübte Praxis weit über den Kreis der Menschen hinaus, die ich von Herzen liebe. Bei der Reaktion auf eine Bitte kommt es nicht nur darauf an, dass der oder die Bittende erreicht, was er oder sie sich wünscht. Es geht auch darum, dass ich auf seine Bitte überhaupt reagiert habe. Und indem ich reagiere, verändert sich, zumindest für den Augenblick der Begegnung, meine Einstellung – und die der anderen Person. Ob man das Liebe nennen kann? Das Bitten und Bitten-Hören ist in der Grundform eine sehr einfache Praxis, die aus emotionalen Verwicklungen der Fremdheit, Ablehnung, Rivalität, des Hasses hinausführt – für den Augenblick der Begegnung. Auf Bitten reagieren ist etwas, das man ohne weiteres *tun* kann – und dabei verändert sich auch die innere Einstellung. Auch die Forderung der Feindesliebe lässt sich so konkretisieren.

3. Wie weit reicht die Nächstenliebe?

Die Nähe, um die es im Gebot der Nächstenliebe geht, umfasst den Radius, in dem mich die Bitten anderer Menschen erreichen können. Er wird nicht durch Institutionen und Mitgliedschaften umschrieben – und ist von Mensch zu Mensch unterschiedlich. Manche Menschen haben Augen und Ohren nur für ihre Kinder, andere lassen sich auch von Nachbarn ansprechen oder von Arbeitskolleginnen und Sportfreunden. Einige reagieren nur, wenn sie direkt angesprochen werden, andere nehmen kaum hörbare Signale anderer Menschen wahr. Auch in der Begegnung mit Unbekannten kann eine Bitte plötzlich Nähe schaffen – sogar dann, wenn sie von Dritten übermittelt wird. Manchmal weichen wir Menschen aus, die uns um etwas bitten wollen, nur um nicht von der Kraft ihrer Bitte eingeholt zu werden. Aber es gibt auch die umgekehrte Bewegung: Wir nähern uns Menschen, die weit entfernt sind, bis wir ihre Bitten hören können. Man kann sich auch in die Lage anderer Menschen versetzen und sich vorstellen, was sie wohl bitten würden, wenn sie zu mir sprechen könnten.

Der Radius, in dem Nächstenliebe gefordert ist, lässt sich nicht grundsätzlich beschränken: Zwar ist er faktisch durch meine Lebensumstände und mein mehr oder weniger scharfes Gehör für die Bitten anderer Menschen begrenzt. Auch kann ich immer „Nein" sagen, wenn mich jemand etwas bittet. Aber ich kann nicht behaupten und begründen, warum er oder sie mich nicht ansprechen dürfte. Die Gründe, die ich dafür anführen könnte – *er oder sie gehört nicht zu meiner Gruppe, Klasse, Kultur oder Religion, er oder sie hat nicht den nötigen Rang oder Status, ist so ganz anders usw.* –, sie schränken die Wirkmacht einer *Bitte* gar nicht ein.

Wenn ich den Radius, in dem Nächstenliebe gefordert ist, *nicht mit allgemeinen Gründen* einschränken kann, so werde ich oft *persönliche* Gründe anführen: *Ich kann gerade nicht, ich habe Wichtigeres, Dringenderes zu tun usw.* – Hinter diesen Gründen steht das berechtigte

Anliegen, mein Leben vor den Ansprüchen anderer zu schützen. Ich kann nicht die Bitten aller Menschen erfüllen. Die Möglichkeit, „Nein" zu sagen, wenn man um etwas gebeten wird, muss betont werden – gegen alle Versuche, aus einer dringenden Bitte etwas Anderes zu machen, zum Beispiel mit der Ankündigung von Zwang oder Belohnung. Ich kann „Nein" sagen, wenn ich eine Bitte gehört habe. Es ist meine persönliche Antwort auf eine an mich gerichtete Bitte. Je nachdem wie scharf mein Gehör für die Bitten anderer ist, wird mich das Nein vielleicht noch beschäftigen. Vielleicht werde ich mir vorstellen, wie es wäre, wenn ich an seiner oder ihrer Stelle gewesen und die Bitte geäußert hätte. Diese Vorstellung ist unangenehm.

Die Forderung der Nächstenliebe ist oft mit einem Unbehagen verbunden: Weil ich nicht auf alle berechtigten Bitten eingehen kann und will, weiche ich zum Schutz meines Lebens, meiner eigenen Interessen aus. Noch einfacher ist es natürlich, wenn mich die Bitten der anderen gar nicht erreichen können, weil sie nicht in meine Nähe kommen können. Grenzen und Zutrittsbeschränkungen aller Art haben diese Wirkung. Da man Grenzen nicht einfach einreißen kann – und es wohl auch nicht will, muss man über sie hinwegsehen und -hören. Das tun viele Menschen im Namen der Nächstenliebe. Der „ferne Nächste" ist eine feste Größe in unserer Kultur geworden – ein symbolischer, generalisierter Mensch, dem ich irgendwie verbunden bin, obwohl ich ihn niemals treffen werde.

Nächstenliebe ohne Nähe ist ein interessantes Paradox. Ihr fehlt die direkte Begegnung – und damit die Spannung zwischen Vertrautheit und Konflikten. Die fernen Nächsten haben keinen direkten Einfluss auf mein Leben. Ich muss mich mit ihnen nicht arrangieren. Nächstenliebe auf Distanz ist eine Zutat zum Geflecht des alltäglichen Lebens. Mein Radius ist auf einmal viel größer – und meine Alltagsprobleme werden klein, wenn ich den großen Bogen in die Ferne aufspanne.

Die Voraussetzung der Nächstenliebe auf Distanz ist die *Diaspora*: Als Nächste gelten mir nicht nur die Nachbarn, denen ich täglich begegne, sondern auch Menschen in der Ferne, mit denen ich etwas gemeinsam habe. Hier ist nicht nur an eine starke kulturelle oder religiöse Gemeinsamkeit zu denken, es kann auch die Verbundenheit mit einem Ort oder eine persönliche Begegnung sein. In jedem Fall entsteht das Bewusstsein, dass in der Ferne Menschen leben, die mir etwas bedeuten. Ich könnte ihr Nachbar sein. Sie bedeuten mir sogar mehr als unbekannte Menschen in meiner Nähe. Wir sind verbunden, leben aber an verschiedenen Orten. Das ist der Gedanke der Diaspora. Manchmal reichen sogar Geschichten und Bilder, um ein Moment der Verbundenheit hervorzurufen.

Damit aus einem solchen Moment etwas wird, das auch nur entfernt den Namen Liebe verdient, muss die Distanz zwischen mir und den Menschen in der Ferne überbrückt werden. Das erfordert eine Organisation, die man sich sehr vereinfacht wie eine Menschenkette vorstellen kann, an deren Ende tatsächlich die Anliegen der Menschen gehört werden, um die es geht.

4. Vertiefte Nächstenliebe

So wie manche Menschen den Kreis ihrer Nächsten weit ziehen, so entwickeln andere ein besonders scharfes Gehör für die Anliegen bestimmter Menschen, deren Wohlergehen ihnen ans Herz wächst. Sie begleiten sie über längere Lebensphasen und entwickeln eine persönliche Beziehung zu ihnen, auch wenn sie mit ihnen nicht verwandt oder befreundet sind. Eine konkrete Notlage ist oft der Anlass für die nähere Begegnung. Sie kann dazu führen, dass man sich kennenlernt und die eine Person der anderen über einen längeren Zeitraum zur Seite steht. Die eine Person ist bereit, etwas zu tun, und mehr noch, sie ist bereit, sich in die andere Person hineinzuversetzen und die Welt aus ihrer Perspektive zu sehen. Die andere Person kann die damit verbundene Nähe zulassen. Weil hier eine Beziehung in persönlicher Nähe entsteht (die zerbrechlich sein oder auch aufgelöst werden kann), ist das Wort Nächstenliebe besonders passend.

Für diese vertiefte Form der Nächstenliebe hat die Goldene Regel eine tragende Funktion: Ich versetze mich an die Stelle der anderen Person, in ihre besondere Situation und überlege mir, was aus ihrer Sicht zu tun ist. Der Wechsel der Perspektive führt dazu, dass ich nicht nur auf diese oder jene ausdrückliche Bitte reagiere, die mein Gegenüber an mich richtet, sondern mich mit seinen oder ihren Anliegen identifiziere. Der Zugang zu einer medizinischen Behandlung, das Bedürfnis nach einer eigenen Wohnung oder nach Bildung oder Ausbildung oder nach einem Arbeitsplatz wird zu *meinem* Anliegen, für das ich mich einsetze. Die Goldene Regel leitet dazu an, im konkreten Miteinander Unterschiede und Ungleichheit zu überschreiten: Indem ich mir vorstelle, was *ich an seiner oder ihrer Stelle* wollen würde, verlasse ich den Horizont meiner Erwartungen und Gewohnheiten – auch die Erwartung, dass mein Engagement erwidert würde. Auch für die andere Person ist klar und nachvollziehbar, dass ich mich an *ihre* Stelle versetze, also gerade *nicht* die Anliegen *meines* Lebens im Blick habe.

Die Frage nach der Balance von Geben und Nehmen, die sich sonst in allen Beziehungen stellt, ist suspendiert, wenn ich mich konsequent an die Stelle meines Gegenübers versetze. Dazu leitet die Goldene Regel an. Allerdings bin ich es, der sie anwendet – ich entscheide, wie weit ich dabei gehe: Manchmal handelt es sich nur um einen Moment, in dem ich der Mutter mit drei Kindern an der Kasse im Supermarkt den Vortritt lasse. Aber es kann auch die gemeinsame Reise mit dem schwer behinderten Nachbarn sein, der sie ohne Begleitung nicht unternehmen könnte – oder eine regelmäßige Hilfe im Alltag.

Dass es dabei nicht um die Balance zwischen Geben und Nehmen geht, ist interessant – gerade im Vergleich zu anderen Interaktionen in der unmittelbaren Nähe. Unter Nachbarn oder Bekannten spielt es häufig eine große Rolle, dass ich bald reagiere, wenn mir jemand ausgeholfen hat: Das geliehene Fahrrad muss sofort zurückgegeben werden, für den Einkauf, den mir die Nachbarin abgenommen hat, backe ich ihr ein paar Tage später einen Kuchen. Indem die Gabe, die konkrete Hilfe, die Aufmerksamkeit erwidert wird, signalisieren sich Nachbarn, Bekannte oder auch Freunde, dass sie „auf Gegenseitigkeit" füreinander da sind. Die Gegenseitigkeit kann, je nach Beziehung, mehr oder weniger eng oder förmlich geregelt sein, aber sie ist ein wesentliches Element der Beziehung.

Das Prinzip der Gegenseitigkeit wird in dem Maße außer Kraft gesetzt, in dem sich Menschen in ihren Lebensumständen oder ihrem Alter stark unterscheiden. Die Grundform einer nicht-symmetrischen Beziehung ist das Verhältnis zwischen Eltern und Kindern. Es wäre sinnlos, zwischen Eltern und Kindern auf Gegenseitigkeit zu pochen, außer im ganz kleinen Maßstab. So ähnlich kann man sich auch andere nicht-symmetrische Beziehungen vorstellen, zwischen alten und jungen Nachbarn, Menschen mit und ohne Behinderung oder zwischen Menschen mit ganz unterschiedlichen Gaben oder Ressourcen. In allen diesen Konstellationen wäre es sinnlos, darauf zu pochen, dass das Tun oder Geben der einen Person von der anderen direkt erwidert wird.

Die Beziehung lebt vielmehr davon, dass sich die eine Person an die Stelle der anderen versetzt und mit ihr und für sie mitdenkt und tätig wird – und die andere Person die damit verbundene Nähe zulässt.

Wir hatten in Kapitel I gesehen, wie die Praxis des gegenseitigen Gebens und Empfangens in der Bergpredigt reflektiert wird: als ein Kontinuum zwischen engen Formen der Gegenseitigkeit, bei denen gewissermaßen garantiert ist, dass ich zurückerhalte, was ich gebe – und einem weiteren Verständnis des gegenseitigen Gebens und Nehmens, bei dem keine direkte Gegenleistung gefordert wird und dennoch diejenigen, die etwas tun oder geben, ihrerseits das für sie Notwendige erhalten. Das ist der Horizont der vertieften Nächstenliebe. Für jeden einzelnen Menschen ist dieser Horizont begrenzt durch die Notwendigkeit, sich selbst zu erhalten und das eigene Leben zu leben. In der Bergpredigt wird jedoch dafür geworben, sich möglichst weit über die eigenen Bedürfnisse und Interessen hinauszuwagen und darauf zu setzen, dass andere Menschen nach mir sehen werden, wenn ich es brauche.

Was in individueller Perspektive ein existenzielles Wagnis ist, wird ein besser gangbarer Weg, wenn die Praxis der vertieften Nächstenliebe als eine gemeinschaftliche Aufgabe angenommen wird. Dabei werden diejenigen, die sich besonders für die Belange anderer Menschen einsetzen, die ihnen nichts zurückgeben können, von einer Gemeinschaft anderer mitgetragen. Eine gute Organisation kann dafür sorgen, dass die, die die

Anliegen anderer zu ihrer Sache machen, nicht leer ausgehen. Dazu werden Verabredungen getroffen, zu denen man – anders als bei einer Bitte – nicht mehr spontan Ja oder Nein sagen kann. Um die Praxis der Nächstenliebe oder Barmherzigkeit herum bilden sich stabile Organisationen mit rechtlichen Strukturen. Doch auch bei einer klugen inneren Struktur verlieren karitative Organisationen ihre Stabilität, wenn sich nicht immer wieder Menschen dafür entscheiden, ihr Engagement einzubringen.

5. Wechselseitige Rechte

Bitten haben zwar eine eigentümliche Kraft, aber ihre Wirkung ist auch begrenzt. Wer Bitten hört, kann und wird oft „Nein" sagen – und auch wenn nicht, sind die persönlichen Möglichkeiten rasch erschöpft. So könnte man versucht sein, das Bitten und Auf-Bitten-Hören aufzugeben. Wohlhabende und gebildete, aber auch sehr hart arbeitende und leistungsfähige Menschen haben diese Möglichkeit. Sie können sich auf das beschränken, was sie mit anderen „auf Gegenseitigkeit" aushandeln können. Andere können und wollen das nicht.

Durch Ungleichheit innerhalb der Gesellschaft und noch mehr im globalen Maßstab sind sehr viele Menschen in einer verzweifelten Lage: Sie müssen damit rechnen, dass niemand ihr berechtigtes Anliegen auch nur anhört. Und natürlich wollen sie *nicht immer Bittsteller* sein. Dass die einen immer bitten müssen und die anderen sich überlegen, ob sie „Ja" oder „Nein" sagen wollen, ist schwer zu ertragen.

Der Ausweg aus der Bittstellerei besteht in einer gesellschaftlichen Ordnung, in der sich die Bürgerinnen und Bürger wechselseitig und vermittelt durch den Staat *Rechte* gewähren und auch die Menschenrechte anderer anerkennen. Wenn das wirksam geschieht, wird ein Grundgedanke des Liebesgebotes verwirklicht: Der oder die andere ist ein Mensch wie ich, mir gleich. In der Anerkennung von grundlegenden Rechten geschieht auf allgemeiner Ebene das, was in der intuitiven Reaktion auf eine dringende Bitte liegt. Das, was ich konkret für Menschen tun kann, die mich etwas bitten, ist sehr begrenzt und immer auf einen oder einige wenige Menschen in meiner Nähe beschränkt. Es ist ergänzungsbedürftig – und die Anerkennung von Rechten ist eine gute Ergänzung.

Die Anerkennung von Rechten erübrigt die Nächstenliebe aber nicht. Anerkennung ist etwas Abstraktes, das nur in einem funktionierenden Staat konkret wirksam wird. Den Rechtsanspruch, zum Beispiel auf Schulbildung meiner Kinder oder auf Wohngeld, wenn mein Einkommen für die Miete nicht reicht, habe ich gegenüber staatlichen Stellen, nicht gegenüber meinen Nachbarn. Oft brauche ich beides, damit mein Anliegen erfüllt wird: Einen funktionierenden Staat und Nachbarn, die mit ihren Möglichkeiten persönlich reagieren. Wenn man keine Menschen um sich hat, ist es schwer, die eigenen Rechte geltend zu machen.

6. Persönliche Nähe als Arbeit und Beruf

Einem anderen Menschen bei der Bewältigung des Alltags oder in existenziellen Krisen nahe zu sein, muss nicht aus Liebe geschehen, es kann auch *Arbeit* oder *Beruf* sein. Der Übergang von freiwilligem Engagement, bei dem ich auch „Nein" sagen kann, zu einem festen Engagement, zur Arbeit und Berufstätigkeit ist fließend. Es beginnt Arbeit zu werden, wenn ich mich mit dem, was ich tue, auch selbst erhalte – und es wird zum Beruf, wenn ich mich für bestimmte Aufgaben qualifiziert habe, sie regelmäßig erfülle und mich mit ihnen identifiziere.

Auch bei der Arbeit und in beruflichen Zusammenhängen fällt das Wort „bitte", aber es ist einigermaßen klar, dass ich tun werde, was von mir verlangt wird. Die Form der Bitte erinnert dann daran, dass die getroffene Vereinbarung, zum Beispiel ein Arbeitsvertrag, unter freien Menschen getroffen wurde und auch aufgelöst werden kann. Die Vereinbarung hat ihre Grenzen, sie gilt innerhalb bestimmter Zeiten und schließt manches aus, was man sich vielleicht wünschen würde.

Mit dem Ausbau des Sozialstaats, in dem sich die Bürgerinnen und Bürger wechselseitig soziale Rechte einräumen, werden viele Aufgaben, die ansonsten eine Sache der Nächstenliebe wären, durch bezahlte Arbeit und nach beruflichen Standards erfüllt. In der Regel sind diejenigen, die sich in freier Form für die Bewältigung einer Notlage oder schwieriger Lebensbedingungen engagiert haben, auch daran beteiligt, die Aufgabe so zu beschreiben, dass sie anschließend als Arbeit und Beruf wahrgenommen werden kann. Ein prominentes Beispiel ist die oben erwähnte Hospizbewegung, deren Mitglieder sich für ein humanes und begleitetes Sterben persönlich einsetzen und die Begleitung Sterbender zugleich zur Hospiz*arbeit* werden ließen: einem qualifizierten, überwiegend von den Krankenkassen finanzierten Angebot der Pflege und Begleitung für sterbende Menschen.

Aber etwa auch das Leben mit Behinderungen ist geprägt durch Übergänge zwischen freiwilligem Engagement der betroffenen Menschen, ihrer Eltern und Angehörigen und professionellen Strukturen, die vom Sozialstaat getragen werden. Praktisch alle sozialen und gesundheitlichen Dienste haben ihre Wurzel im freiwilligen Engagement, zu dem Menschen bereit waren, weil sie sich – teils auch in eigener Betroffenheit – in eine existenzielle Notlage hineinversetzen konnten und zu praktischem Handeln bereit waren. Nur in wenigen Feldern kommt es zu einer vollständigen Professionalisierung der Aufgaben. Zwar wird der größte Teil der Aufgaben in Form von Arbeit erledigt. Aber darüber hinaus ist freiwilliges Engagement erforderlich, wenn es um Anliegen geht, die die Arbeitszeit oder den Rahmen professioneller Arbeit sprengen. Dafür gelten wieder die Regeln der Nächstenliebe: Eine Bitte steht im Raum und übt ihre eigentümliche Kraft aus, obwohl kein Anspruch darauf besteht, dass sie erfüllt wird.

In der Nähe anderer Menschen wird *nicht nur im Licht, sondern auch im Schatten gesellschaftlicher Anerkennung* gearbeitet: in den Wohnungen, in denen Hausarbeit geleistet und Kinder oder pflegebedürftige Menschen betreut werden. Merkwürdigerweise sind es die ersten Arbeitsverhältnisse, die Menschen angeboten werden, wenn sie als Fremde ins Land kommen. Einer fremden Person Menschen in die Nähe zu lassen, ihr das Wohl von Kindern oder alten Menschen anzuvertrauen, ist offenbar leicht. Das ist paradox angesichts verbreiteter Vorurteile gegenüber Menschen, die anders und fremd zu sein scheinen.

Schattenarbeit in der persönlichen Nähe ist im gesellschaftlichen Bewusstsein sehr weit entfernt von anerkannter Nächstenliebe, obwohl die Ähnlichkeiten auf der Hand liegen: Es geht sehr oft nicht nur um Handgriffe, sondern um Aufmerksamkeit und Zuwendung für einen anderen, oft schutzbedürftigen Menschen. Doch die respektvolle Zuwendung steht nicht im Licht – vermutlich deshalb, weil die Menschen, die diese Arbeit leisten, keine andere Erwerbsarbeit finden können. Wegen des ökonomischen Gefälles muss umgekehrt die Person, die die Zuwendung erfährt, daran erinnert werden, ihrem Gegenüber mit Respekt und Zuwendung zu begegnen.

7. Die Nächstenliebe als höchstes Gebot

Als das Gebot der Nächstenliebe zum höchsten Gebot erklärt wurde, hat der persönliche Kreis des Lebens eine besondere Bedeutung erhalten. In der Welt der Religion war und ist das eine verblüffende Verschiebung der Gewichte. Das konkrete Zusammenleben auf mehr oder weniger engem Raum ist voller Banalität, das Balancieren zwischen Vertrauen und Konflikten ist mühselig und misslingt oft – und die Bitten, die Menschen aneinander richten, bleiben zu einem großen Teil wenn nicht ungehört, so doch unerfüllt. Es liegt also nicht auf der Hand, diese Sphäre des Lebens zu glorifizieren. Leichter ist es, sich für Tempel und Kathedralen zu begeistern, die auf etwas Höheres, übermenschlich Großes verweisen, das Menschen andächtig bestaunen dürfen. Doch ist es anders gekommen.

Im Rückblick erscheint es einfach (aber das erscheint es im Rückblick immer), den Grund für diese Bewegung zu benennen: Tempel und Kathedralen waren und sind Symbole religiöser und kultureller Herrschaft, die Unterordnung verlangen und Feindschaften begründen. Je näher sich Menschen kommen, die unterschiedliche Tempel zum Gebet und Opfer aufsuchen, desto unklarer werden die Verhältnisse: Die Riten, in die das eigene Leben eingebettet sind, geben nicht mehr so viel Sicherheit, wenn in direkter Nachbarschaft andere Traditionen gepflegt werden. Zugleich verliert die schroffe Abgrenzung und Feindschaft ihren Sinn: Man muss ja auf begrenztem Raum zusammenleben.

So ist die Hinwendung zu dem einen Gott, der die Liebe zum Nächsten fordert, ein befreiender Schritt. Er relativiert die vor Ort geltenden Riten und Regeln: Sie erscheinen auf einmal als etwas, das *Menschen* voneinander verlangen. Und er erlaubt es, mit anderen Menschen in Kontakt zu treten, die zuvor symbolisch ausgeschlossen waren, obwohl sie nebenan leben. Das Gebot der Nächstenliebe befreit also von religiösen Zwängen und Gegensätzen, legt mir zugleich eine umfassende Pflicht ans Herz.

Mit der Anrufung des einen Gottes erkenne ich an, dass alle Menschen meine Geschwister sind. Wie ich, so können auch sie sich an den einen Gott wenden, und zwar – so lehrt es die Bergpredigt – ohne weitere Umstände, einfach im „stillen Kämmerlein". Der eine Gott ist verborgen im Vergleich zu den sichtbaren religiösen und kulturellen Autoritäten, die nur innerhalb ihrer Tradition, oft auch innerhalb bewusst gezogener Grenzen Menschen an sich binden. Dem verborgenen einen Gott entspricht es, dass man ihn im Verborgenen anspricht – und in dem Wissen, dass er bereits weiß, um was man ihn bitten wird.

Mit dem Gebet im Verborgenen – im Unterschied zum öffentlichen Ritus – wird, wie mit dem Gebot der Nächstenliebe, der persönliche Vollzug des Lebens betont. Das persönliche, formlose Gebet ist, wenn wir der Bergpredigt folgen, grundlegender als der öffentliche religiöse Ritus, der eine Gemeinschaft formt und gegen andere Gemeinschaften abgrenzt. Es ist der Himmel und Erde umspannende Gott, der zugleich hört, was ich auf dem Herzen habe.

Das persönliche Bittgebet reicht vom spontanen Stoßgebet in Notsituationen bis zum regelmäßigen und reflektierenden Gebet, in dem ich an alle meine Lieben, auch die weniger geliebten Nächsten und Menschen außerhalb meines Lebenskreises denke. Im Augenblick des Gebets steht mir klar vor Augen, dass ich auf das, was ich erbitte, keinen Rechtsanspruch habe, es aber durchaus erbitten kann. Und damit wird mir (zumindest für einen Augenblick) klar, dass *Bitten gelten* – meine Bitten und auch die Bitten der anderen. Dass meine Bitten vor dem einen Gott gelten, bedeutet ja auch, dass die Bitten der anderen Menschen ebenfalls gelten. Insofern ist das Bittgebet die Reflexionsform der Nächstenliebe.

Im Bittgebet steht im Mittelpunkt, was immer *mir* am Herzen liegt, mein Leben und das, was mir nah und wichtig ist. Es geht im Gebet nicht darum, vom eigenen Leben, den eigenen Wünschen abzusehen. Wenn man das im Auge behält, löst sich ein Rätsel, vor dem viele moderne Menschen stehen, wenn sie sich mit dem Gebot der Nächstenliebe beschäftigen: Sie empfinden die Forderung, sich dem anderen Menschen zuzuwenden, als einseitig, als Überforderung – und möchten gerne die Forderung hinzusetzen, dass man sich auch selbst lieben soll. Dass Selbstachtung und ein guter Umgang mit den eigenen Wünschen und Bedürfnissen lebensnotwendig sind, liegt auf der Hand. Vor diesem Hintergrund würde man das Liebesgebot gewissermaßen umdrehen wollen: Liebe dich selbst und gewinne von daher auch ein wertschätzendes Verhältnis zu den Menschen in deiner Umgebung. Die biblische Tradition spricht hier eine andere Sprache: Sie lädt dazu ein, die eigenen Wünsche und Bedürfnisse, auch die Konflikte und Lasten des eigenen Lebens vor Gott zu bringen (wie dies beispielhaft in den Psalmen geschieht). Das Gebet ist der Ort, an dem ich mir meiner Anliegen bewusst werde und erfahre, dass sie Gewicht haben.

So wie sich das Gehör für die Bitten anderer von Mensch zu Mensch unterscheidet, so unterscheiden sich Menschen auch in der Art, wie sie Bitten aussprechen und an Gott und an andere Menschen richten. Manchen liegt es sehr fern, etwas zu erbitten – aus wiederum ganz unterschiedlichen Gründen. Einigen erscheint es beschämend zu bitten, wenn man etwas selbst tun kann. Andere gehen davon aus, dass ihre Bitte gar nicht gehört wird. Vielleicht gibt es auch Menschen, die davon ausgehen, dass ihre Anliegen berücksichtigt werden müssen und sich insofern das Bitten erübrigt. Wenn sie in großer Not ein Stoßgebet aussprechen, ist es eine Ausnahme, die rasch wieder in Vergessenheit gerät.

Wie man das Gehör für die Bitten anderer Menschen schulen kann, so kann man sich auch im Beten üben. Auf den ersten Blick mag es befremdlich erscheinen, dabei die Bitte – und nicht etwa den Dank – in den

Mittelpunkt zu stellen. Versetze ich mich damit nicht zurück in die Position des Kindes, das sich seine Wünsche und Bedürfnisse nicht selbst erfüllen kann? Ist die Erwartung nicht kindisch, der Vater im Himmel werde die Bitten seiner Kinder schon erfüllen? Wer die Bergpredigt (mit der wir uns in Kapitel II ausführlich beschäftigt haben) so liest, als gehe es nur um kindliches Bitten, nimmt lediglich die Hälfte der Botschaft wahr. Die andere Hälfte besteht in der schmerzvollen Einsicht, dass das Leben rasch vorbei sein kann und jeder einzelne Tag sorgen- und mühevoll ist. Aber aus dieser schmerzerprobten erwachsenen Sicht auf das Leben folgt nicht, dass man nicht mehr bitten und resigniert verstummen sollte.

Wenn man sich im Gebet im Bitten übt, versetzt man sich also nicht zurück in eine märchenhafte Zeit, in der das Wünschen noch geholfen haben mag. Sondern im Bittgebet reflektiere und forme ich meine Anliegen. Alle meine Wünsche gehen ungefiltert in das persönliche Gebet im Verborgenen ein. Aber es kristallisieren sich in der Hinwendung zu Gott meine großen Lebensthemen heraus, hinter die ich mich mit Nachdruck und Eindringlichkeit stelle. Nachdruck und Eindringlichkeit unterscheiden eine Bitte von einem bloßen Wunsch.

Im stillen Gebet sind auch die anderen Menschen in meiner Nähe präsent. Sie reden mir nicht hinein, weil ich mich im Verborgenen an Gott wende. Aber sie sind präsent als lebendiger Teil meines Lebens, als

Nächste, die mir Sorgen und Kummer bereiten – und als Menschen, denen ich etwas schuldig geblieben bin. Je schärfer mein Gehör für die Bitten anderer Menschen ist, desto häufiger werde ich mich fragen, ob ich diese Bitten wirklich gehört habe und ihnen auch nur einigermaßen gerecht geworden bin. Das Unbehagen, dass ich nicht alle Bitten erfüllen kann, nicht einmal alle Bitten der mir liebsten Menschen, begleitet das Gebot der Nächstenliebe. So ist die Bitte um Vergebung eine ständige Begleitung auf dem Weg der Nächstenliebe.

8. Universales Ethos in christlicher Perspektive

Das Gebot der Nächstenliebe wurde in einer Situation zum höchsten Gebot erklärt, als nicht absehbar war, wie die biblische Überlieferung – das Alte Testament – fortgesetzt werden würde. Zusammen mit der Forderung, sich dem einen Gott zuzuwenden, steht es für eine Öffnung des Horizonts, der nun alle Menschen umfasst und Unterschiede relativiert, die mit einem religiösen und kulturellen Anspruch erhoben werden. Dass der Horizont der Ethik die *Menschen* sind – und nicht die Angehörigen der eigenen Gruppe oder Gemeinschaft –, hat, wenn man der Linie der Bergpredigt folgt, einen dreifachen Sinn: Jeder Mensch kann sich ohne weiteres an den einen Gott als Vater wenden, er oder sie kann sich in einen jeden anderen Menschen im Sinne der Goldenen Regel hineinversetzen und schließlich sind konkurrierende Lehren oder Rituale, um die sich Gemeinschaften bilden, von Menschen gemacht, also nicht von höchster Bedeutung. Der letzte Gesichtspunkt ist, wenn man sich in andere Menschen hineinversetzen kann, nicht nur auf die Lehren und Rituale der Anderen, sondern auch auf die eigenen Überzeugungen, die eigene Praxis anzuwenden.

Wenn man die Zuspitzung auf ein höchstes Gebot mit Bezug auf den Inhalt der Nächstenliebe – ein Konflikte moderierender Respekt sowie die Bereitschaft zur Zuwendung in jeder nahen Beziehung – reflektiert, so wird – auch aus den einschlägigen biblischen Texten – deutlich, dass Respekt und Zuwendung *innerhalb und außerhalb* geprägter Gemeinschaften notwendig, nämlich Not wendend sind: Fatale Konflikte brechen nicht nur entlang erklärter Abgrenzungen und Feindschaften aus, sondern auch und vor allem innerhalb von Gemeinschaften, wenn diese um Orientierung und Identität ringen. Insofern muss das Ringen um Orientierung und Identität moderiert werden durch das höchste Gebot, nicht in Zorn und Hass unterzugehen, sondern den Nächsten am Leben zu lassen und auf seine Bitten einzugehen. Wenn dies die wichtigste Regel für das Zusammenleben *in* geprägten Gemeinschaften ist, so ist es nur naheliegend, diese Regel auch auf Beziehungen in der Nähe anzuwenden, die durch unterschiedliche oder nicht geklärte Zugehörigkeiten bestimmt sind.

Was so beinahe wie eine Klugheitsregel erscheint, erhält eine unbedingt normative Bedeutung, wenn man sie als das Gebot des einen, verborgenen Gottes versteht. Die Einzigkeit Gottes ist im Zusammenhang mit dem Gebot der Liebe nicht so zu verstehen, als müsse sie gegen konkurrierende Ansprüche durchgesetzt werden. Vielmehr erschließt sie sich in einer allen Menschen möglichen Form der Einsicht, für die in der Bergpredigt (und an vielen anderen Stellen in der Bibel der Christen) die Anrufung Gottes als Vater und das formlose Bittgebet stehen. Dass diese elementare Haltung und Gebetspraxis allen Menschen ohne weiteres möglich ist, erscheint einerseits natürlich und unstrittig (so wird sie in der Bergpredigt beschrieben), andererseits als eine besondere spirituelle Erfahrung (wie sie der Apostel Paulus beschreibt), die aus geprägten Gemeinschaften und Autoritätsverhältnissen herausreißt.

Inzwischen hat sich um diese Auslegung des höchsten Gebotes ein dichtes Geflecht von Traditionen, Gemeinschaften und Autoritätsverhältnissen gebildet: die christliche Welt, die sich von anderen religiösen Traditionen und Kulturen abgrenzt und auch in den inneren Bezügen von Differenzen und Konflikten geprägt ist. Die Geschichte des Christentums gibt reichlich Anschauungsmaterial dafür, dass die Klärung von religiösen Lehrmeinungen und die Verständigung über den einen angemessenen Ritus und Gottesdienst nicht zu der angestrebten Einigkeit führt. Sie ist ein indirekter Hinweis darauf, dass die höchste Bedeutung dem Gebot der Liebe und nicht den um diesen Platz konkurrierenden religiösen Überzeugungen und Praktiken gebührt.

Die Hinwendung zu dem einen Gott kann nur als Fundament einer universalen Moral verstanden werden, wenn Traditionen und Riten, die an einem bestimmten Ort oder in einer bestimmten Gemeinschaft gepflegt werden, nicht zugleich verallgemeinert werden. Diese gewinnen ihre besondere Bedeutung ja dadurch, dass man sich in sie hineinstellt und anderes für sich ausschließt. Insofern setzt die religiöse Begründung einer universalen Moral voraus, dass der eine Gott, der Liebe fordert, *verborgen* und mit keiner manifesten Tradition zu identifizieren ist.

Die Verborgenheit Gottes ist – nach den Worten der Bergpredigt – nicht als ferne Transzendenz zu deuten, sondern im Gegenteil als Nähe: Der verborgene Gott kann im Verborgenen – im Raum des persönlichen Gebets – angesprochen werden. Und die Sphäre der persönlichen Reflexion – geschützt vor den Ansprüchen von Gemeinschaft und Zugehörigkeit – ist wiederum die Sphäre, in der ich den mir gegenüberstehenden Menschen, wer immer er oder sie ist, als einen Menschen *wie mich selbst* ansehen kann.

Anmerkungen

I. Das Liebesgebot als Ausgangspunkt der Ethik

[1] Die Auslegung des Gebotes der Nächstenliebe mithilfe der Goldenen Regel ist in der jüdischen wie in der christlichen Tradition geläufig, so zum Beispiel bei Rabbi Akiva, vgl. Baruch A. Levine, Leviticus, The JPS (The Jewish Publication Society) Torah commentary 1. ed., 1989, 130; Thomas Hieke, Levitikus. Zweiter Teilband, 16–27. Herders Theologischer Kommentar zum Alten Testament, Freiburg, Basel, Wien 2014, 766 f. Allerdings ist auch – besonders bei der Auslegung der Bergpredigt – die These vertreten worden, die Goldene Regel erfasse gerade nicht den Sinn des von Jesus zugespitzten Gebotes der Nächstenliebe, vgl. Ulrich Luz, Das Evangelium nach Matthäus, 1. Teilband: Mt 1–7, EKK Bd. I/1, Zürich, Düsseldorf 5. Auflage 2002, 513 f. Der strittige Punkt ist dabei das Verständnis der Gegenseitigkeit in der Goldenen Regel bzw. der Einseitigkeit der geforderten Nächsten- und Feindesliebe. Vgl. auch die philosophisch-phänomenologischen Reflexionen zum Verhältnis von Liebesgebot und Goldener Regel bei: Klaus Held, Der biblische Glaube. Phänomenologie seiner Herkunft und Zukunft, Frankfurt am Main 2018, 135 ff.

[2] Vgl. dazu S. Knoche, Art. Selbstliebe, in: Historisches Wörterbuch der Philosophie Bd. 9, Basel 1998, 465–487. Erst in der Moderne wurde die Selbstliebe als positives Verhältnis zu sich selbst und sogar als Voraussetzung der Nächstenliebe verstanden.

[3] Vgl. Die Schrift. Verdeutscht von Martin Buber gemeinsam mit Franz Rosenzweig, Bd. 1 Die fünf Bücher der Weisung. 10. verbesserte Auflage der neubearbeiteten Ausgabe von 1954, Heidelberg 1981, 326, und zur Diskussion über den sprachlichen Sinn des Verses: Hans-Peter Mathys, Liebe deinen Nächsten wie dich selbst. Untersuchungen zum alttestamentlichen Gebot der Nächstenliebe (Lev 19,18). Orbis Biblicus et Orientalis Bd. 71, Freiburg/Schweiz, Göttingen 1986, 4–9 und 46–53, der

sich selbst aber für die klassische Übersetzung „wie dich selbst" entscheidet.

[4] Wenn nicht anders angegeben, lege ich Luthers Bibelübersetzung in der neuesten revidierten Ausgabe von 2017 zugrunde.

[5] Vgl. zum Liebesgebot im 3. Buch Mose Thomas Hieke, Levitikus. Zweiter Teilband, 16–27; Herders Theologischer Kommentar zum Alten Testament, Freiburg, Basel, Wien 2014, 765–767 und Hans-Peter Mathys, Liebe deinen Nächsten wie dich selbst: Untersuchungen zum alttestamentlichen Gebot der Nächstenliebe (Lev 19,18), Freiburg/Schweiz 1986.

[6] Zur Entstehung und zum Verständnis des „Gottesrechts", also der Begründung von Normen als Forderungen Gottes, vgl. Konrad Schmid, Theologie des Alten Testaments, Neue Theologische Grundrisse, Tübingen 2019, 327–329. Danach hat es in der biblischen Tradition einen „Normativitätstransfer" vom König als Gesetzgeber auf den von Gott begründeten „Textkorpus" der Gesetzessammlung gegeben, der historisch durch den Verlust des Königtums in Israel und Juda unterstützt wurde.

[7] Die Forderung der Nächstenliebe ist innerhalb der fünf Bücher Mose Teil des so genannten „Heiligkeitsgesetzes" (3. Mose 17–26), in dem aus der Heiligkeit Gottes die Geltung von Normen bei dem ihm verpflichteten Volk bzw. der Gemeinde geschlossen wird, vgl. Erich Zenger u. a., Einleitung in das Alte Testament, 9., aktualisierte Auflage hg. v. Christian Frevel, Stuttgart 2016, 207–209.

[8] Die „Frage nach dem höchsten Gebot" (wie sie in vielen Bibelübersetzungen überschrieben wird) findet sich in den ersten beiden Evangelien (vgl. Markus 12,28–33). Dabei werden unterschiedliche Akzente gesetzt. Während im Matthäusevangelium nach dem „großen" Gebot gefragt ist, ist es im Markusevangelium die Frage nach dem „ersten" Gebot: Hier wird betont, die Liebe zu Gott und zum Nächsten sei wichtiger als „alle Brandopfer" (Markus 18,33). Im Lukasevangelium lautet die Frage etwas anders, nämlich: „Was muss ich tun, damit ich ewiges Leben erlange?" (Lukas 10,25) Doch die Antwort besteht im Hinweis auf die beiden Gebote der Liebe zu Gott und zum Nächsten, sprachlich zu einem Gebot zusammengezogen (Lukas 10,27), und es wird als Beispiel für die Erfüllung des Doppelgebots die Erzählung vom barmherzigen Samariter angeführt (Lukas 10,30 ff.), auf die ich noch zu sprechen komme. Zu Mat-

thäus 22,34–40 vgl. Luz, Ulrich, Das Evangelium nach Matthäus, 3. Teilband: Mt 18–25, EKK Bd. I/3, Zürich, Neukirchen-Vluyn 1997, 269–285.

[9] Vgl. Oda Wischmeyer, Liebe als Agape. Das frühchristliche Konzept und der moderne Diskurs, Tübingen 2015, 27 ff.

[10] Vgl. dazu Michael Wolter, Das Lukasevangelium, HNT Bd. 5, Tübingen 2008, 391 f. Wolter verweist auf (wenige) Belege im antiken Judentum und ordnet die Betonung des Liebesgebotes ein in den „Trennungsprozess" der christlichen von anderen jüdischen Gemeinden. Der Vorrang des Liebesgebots würde demnach die Auslassung anderer Gebote der Tora rechtfertigen.

[11] Vgl. zum Text Andreas Lindemann, Der erste Korintherbrief, HNT Bd. 9/1, Tübingen 2000, 279 ff.; Wolfang Schrage, Der erste Brief an die Korinther, EKK VII/3, Zürich, Neukirchen 1999, 293–304.

[12] Vgl. Jörg Augenstein, Das Liebesgebot im Johannesevangelium und in den Johannesbriefen, BWANT Bd. 134, Stuttgart 1993, bes. 94 ff., sowie Oda Wischmeyer, Liebe als Agape, a. a. O., 105 ff.

[13] Mit dem Zusammenhang von Nächsten- und Feindesliebe in der biblischen Überlieferung sowie der älteren Literatur, die hier einen Gegensatz sieht und die Feindesliebe als christliches Spezifikum herausstreichen will, habe ich mich in meiner Dissertation auseinandergesetzt; vgl. Peter Bartmann, Das Gebot und die Tugend der Liebe, Stuttgart 1998, 57 ff.

[14] Im Römerbrief des Apostels Paulus (Römer 12,9–21) wird das Gebot der Liebe bezogen auf die Beziehungen innerhalb und außerhalb der eigenen Gemeinschaft in einem Zusammenhang entfaltet; vgl. dazu Oda Wischmeyer, Liebe als Agape, a. a. O., 43–54; Thomas Söding, Das Liebesgebot bei Paulus. Die Mahnungen zur Agape, Neutestamentliche Abhandlungen, Neue Folge, Bd. 26, Münster 1995, 241 ff. Vgl. auch Michael Labahn, Der geliebte Feind. Wahrnehmung des Anderen in Jesu Gebot der Feindesliebe und ihre Rezeption im Dokument Q – ein Beispiel antiker „Toleranz" und „Anerkennung", in: Tolerance, Intolerance and Recognition in Early Christianity and Early Judaism, hg. v. Outi Lehtipuu u. Michael Labahn, Amsterdam 2022, 73–110. Labahn interpretiert die „Feindesliebe" als konsequente Fortsetzung der Nächstenliebe und ordnet seine exegetischen Beobachtungen in die modernen Diskus-

sionen über Toleranz und Anerkennung ein, dazu s. u. Kapitel III, Abschnitt 3.

[15] Vgl. Gerd Theißen, Gesetz und Goldene Regel. Die Ethik des Matthäusevangeliums zwischen Regel und Empathieorientierung, in: Neutestamentliche Exegese im Dialog, Festschrift Ulrich Luz zum 70. Geburtstag, hg. v. Peter Lampe u. a., Neukirchen-Vluyn 2008, 237–254, bes. 239 ff.

[16] Vgl. die Belege bei Hans Reiner, Die Goldene Regel. Die Bedeutung einer Grundformel der Menschheit, in: Zeitschrift für philosophische Forschung 3 (1949), 74–105, hier: 74–79, und bei Gerd Theißen, Die Goldene Regel (Matthäus 7,12/Lukas 6,31). Über den Sitz im Leben ihrer positiven und negativen Form, in: Biblical Interpretation 11 (2003), 386–399.

[17] Vgl. Reiner, Die Goldene Regel, a. a. O., 80 ff.

[18] Im Matthäusevangelium stehen die Forderung der Liebe und die Goldene Regel in verschiedenen Teilen der Bergpredigt (Matthäus 5,43 ff.; 7,12), im Lukasevangelium folgen sie direkt aufeinander (vgl. Lukas 7,27–31).

[19] Vgl. Reiner, Die Goldene Regel, a. a. O., 82 ff., der (möglicherweise etwas missverständlich) von einer „Einfühlungsregel" spricht.

[20] Reiner hat diesen Aspekt herausgearbeitet, den er – in Auseinandersetzung mit Kant – als „Autonomieregel" bezeichnet, vgl. a. a. O., 88 ff.

[21] Zum in der Evolutionsbiologie verwendeten Konzept des reziproken Altruismus vgl. Ernst Fehr, Don't lose your reputation, in: Nature Nr. 432 (25.11.2004), 449–450. Nach Fehr ist ein über Verwandtschaftsbeziehungen hinausgehender reziproker Altruismus vermutlich ein spezifisches Merkmal menschlichen Verhaltens im Unterschied zu anderen Primaten, deren Kooperationsverhalten stärker durch Verwandtschaft als durch Gegenseitigkeit bestimmt ist; vgl. dazu auch Robert Boyd u. Joan B. Silk, How Humans Evolved, 8th edition, Norton & Company, 2017, 184–186.

[22] Vgl. zur Feldrede im Vergleich zur Bergpredigt François Bovon, Das Evangelium nach Lukas, EKK Bd. III/1, Zürich, Neukirchen-Vluyn 1989, 288 ff., bes. 316 f. und 321 f.

[23] Die Gestaltung der Gegenseitigkeit zieht sich wie eine Leitfrage durch die gesamte Bergpredigt. Die Vergeltung „Auge um Auge" wird von Je-

sus zurückgewiesen, ebenso ein auf Wechselseitigkeit beschränktes Verständnis der Liebe (Matthäus 5,38–39 und 43–44). Aber auch in der religiösen Praxis – beim Beten, Almosengeben und Fasten – ist das Bezogensein auf andere Menschen ein kritischer Punkt: Wenn ich öffentlich bete, Almosen gebe oder faste, bin ich darin nach Jesu Meinung primär auf den Beifall der religiösen Öffentlichkeit ausgerichtet (Matthäus 6,1–6 und 16–17) und verfehle damit den eigentlichen Zweck der Praxis. Diese besteht allerdings nicht in einer von anderen Menschen abgewandten religiösen Askese, sondern in einer Gegenseitigkeit, in der an die Stelle des *do ut des* ein freieres Geben und Empfangen tritt. Die eine Seite dieser freieren Praxis besteht darin, auf die Anliegen anderer Menschen positiv einzugehen, ohne sie zu einer Gegenleistung zu verpflichten. Zwei weitere Aspekte werden wir im weiteren Verlauf dieses Essays noch erörtern: Die Vergebung als Aufhebung von unerfüllten Verpflichtungen – und die Bitte als nicht zwingende Formulierung eigener Anliegen.

[24] Vgl. Ulrich Luz, Das Evangelium nach Matthäus, 1. Teilband: Mt 1–7, a. a. O., 512 f.

[25] Zur Bitte s. u. Kapitel II, Abschnitt 6.

[26] S. u. Kapitel III, Abschnitt 4.

[27] Vgl. François Bovon, Das Evangelium nach Lukas, EKK Bd. III/2, Düsseldorf, Zürich 1996, 81 ff.

[28] Der Wendepunkt der Erzählung ist das Mitleid, das den Reisenden erfasst und zum Handeln motiviert: „ ... als er ihn sah, jammerte er ihn" (Lukas 10,33); vgl. dazu auch Oda Wischmeyer, Liebe als Agape, a. a. O., 36 f.

[29] Vgl. Immanuel Kant, Grundlegung zur Metaphysik der Sitten, BA 13, in: Werke in zehn Bänden, hg. v. Wilhelm Weischedel, Sonderausgabe: Darmstadt 1981, Bd. 6, 25 f.

[30] Der griechische Ausdruck „to eleos poiein", d. h. „das (im) Mitleid (als notwendig Erkannte) tun" macht den vermittelten Bezug zur Emotion gut verständlich. Oda Wischmeyer, Liebe als Agape, a. a. O., 184 differenziert begrifflich zwischen den Konzepten der Liebe und der Barmherzigkeit.

[31] Vgl. zum Text Ulrich Luz, Das Evangelium nach Matthäus. 3. Teilband: Mt 18–25, EKK Bd. I/3, a. a. O., 515 ff.

[32] Vgl. dazu Ulrich Luz, Das Evangelium nach Matthäus, 3. Teilband: Mt 18–25, a. a. O., 521–530.

[33] Während der Begriff der Tugend im Neuen Testament keine bedeutende Rolle spielt, ist er in der frühchristlichen Philosophie bzw. Theologie aus der platonischen und stoischen Tradition aufgenommen worden und hat vor allem in der römisch-katholischen Tradition, prominent bei Thomas von Aquin, im 20. Jahrhundert bei Josef Pieper oder Robert Spaemann, eine zentrale Funktion. Seit einigen Jahrzehnten gibt es sowohl philosophische als auch (überkonfessionelle) theologische Versuche zur Erneuerung der Tugendethik; vgl. u. a. Alasdair MacIntyre, Der Verlust der Tugend. Zur moralischen Krise der Gegenwart, erweiterte Neuausgabe, Frankfurt, New York 2006, sowie Stanley Hauerwas, A Community of Character. Towards a constructive Christian Social Ethic, Notre Dame/Indiana 1981 und den Sammelband „Liebe – eine Tugend? Das Dilemma der modernen Ethik und der verdrängte Status der Liebe", hg. v. Winfried Rohr, Wiesbaden 2018. Moderne Vertreter der Tugendethik profilieren diese als Alternative zur normativen Ethik: Nicht das Gebot, sondern die Einübung einer Haltung in einer traditionsreichen Gemeinschaft wäre demnach das Fundament der Moral. In diesem Essay vertrete ich die entgegengesetzte Auffassung: Das Gebot der Nächstenliebe ist grundlegender, es umschreibt den moralischen Horizont, innerhalb dessen Menschen sich in die Praxis der Liebe einüben.

[34] Vgl. zur Einordnung Erich Gräßer, Der zweite Brief an die Korinther. Kapitel 8,1–13.13, ÖTK 8/2, Gütersloh 2005, bes. 29 f.

II. Der eine Gott und das Gebot der Liebe

[1] Vgl. dazu Gerd Theißen, Das Doppelgebot der Liebe. Jüdische Ethik bei Jesus, in: ders.: Jesus als historische Gestalt. Beiträge zur Jesusforschung, hg. v. Annette Merz, FRLANT 202, Göttingen 2003, 57–72, und dies., Der historische Jesus. Ein Lehrbuch, 4. Auflage Göttingen 2011, 340 ff.

[2] Vgl. Matthias Köckert, Die zehn Gebote, München 2007, 26–35.

[3] Diese Verbindung der beiden Forderungen ist bereits im hellenistischen Judentum vorgenommen worden, vgl. Theißen, Das Doppelgebot, a. a. O.

[4] Vgl. Eckart Otto, Deuteronomium 1–11. Zweiter Teilband 4,44–11.32, Herders Theologischer Kommentar zum Alten Testament, Freiburg, Basel, Wien 2012, 790 ff. Nach Otto muss man davon ausgehen, dass das Sch'ma Israel zunächst die Bindung Israels an *seinen einzigen* Gott betonte (ohne dass damit eine Aussage über andere Völker und ihre Götter gemacht wurde) und erst im Lauf einer langen Interpretationsgeschichte zum monotheistischen Bekenntnis zu dem einen Gott wurde, a. a. O., 799–802.

[5] Vgl. dazu Otto, Deuteronomium 1–11, a. a. O., 799 f.

[6] Vgl. a. a. O., 805 f.

[7] Vgl. ausführlich zur Rede von dem einen Gott und ihrem Verhältnis zur Christologie im Markusevangelium, John J. R. Lee, Christological Rereading of the Shema (Deut 6.4) in Mark's Gospel, WUNT 2. Reihe Bd. 533, Tübingen 2020, bes. 87 ff. Lee stellt die monotheistischen Aussagen im Markusevangelium (one-God language) zu den Aussagen, in denen von Christus als Sohn Gottes oder Herr die Rede ist, und vertritt die Auffassung, dass der Evangelist in einer Re-Lektüre der monotheistischen Aussagen Jesus bereits so nahe an den einen Gott heranrückt, dass einerseits die Einheit und Einzigkeit Gottes hervorgehoben wird, andererseits Jesus göttliche Attribute zukommen.

[8] Vgl. Jens Schröter, Jesus von Nazareth. Jude aus Galiläa – Retter der Welt, Biblische Gestalten, hg. v. Christfried Böttrich und Rüdiger Lux, Bd. 15, 6. Auflage Leipzig 2017, 265 ff.

[9] Vgl. dazu Gerd Theißen, Der historische Jesus. Ein Lehrbuch, 4. Auflage Göttingen 2011, 321–332.

[10] S. o. Kapitel I, Abschnitt 3.

[11] Vgl. dazu Theißen, Der historische Jesus, a. a. O., der Verschärfung und Entschärfung von Vorschriften der Thora spricht.

[12] Vgl. zur zentralen Bedeutung des Gebets in der Jesus-Überlieferung Karl-Heinrich Ostmeyer, Das Beten Jesu. Vaterunser, in: Jesus-Handbuch, hg. v. Jens Schröter u. Christine Jacobi, Tübingen 2017, 395–400.

[13] S. u. in diesem Kapitel Abschnitt 6.

[14] Vgl. dazu Theißen, Das Doppelgebot, a. a. O., der überzeugend darlegt, dass das Doppelgebot der Liebe zur Schriftauslegung Jesu gehört, auch wenn in der griechischsprachigen jüdischen Diaspora ähnlich gedacht wurde.

[15] Vgl. Bernd Wander, Gottesfürchtige und Sympathisanten. Studien zum Umfeld von Diasporasynagogen, WUNT Bd. 104, Tübingen 1998. Wander stellt differenziert die verschiedenen Zugehörigkeitsgrade der sich um die Synagogen sammelnden Menschen anderer Herkunft dar.

[16] Vgl. These 4 und 5 in: „Do the Will of Our Father in Heaven: Toward a Partnership between Jews and Christians". Orthodox Rabbinic Statement on Christianity vom 3. Dezember 2015, https://www.cjcuc.org/2015/12/03/orthodox-rabbinic-statement-on-christianity/ (abgerufen am 4.12.2022), und das aus dem Jahr 2011 stammende Statement „A Jewish Understanding of Christians and Christianity", https://www.cjcuc.org/2011/05/24/cjcuc-statement-on-a-jewish-under standing-of-christians-and-christianity/ (abgerufen am 4.12.2022).

[17] Vgl. die Belege aus der paganen Gebetsliteratur und zum „philosophischen Monotheismus": Reinhard Feldmeier, Das Herrengebet im Kontext der paganen Gebetsliteratur, in: Florian Wilk (Hg.), Das Vaterunser in seinen antiken Kontexten. Zum Gedenken an Eduard Lohse, FRLANT Bd. 266, Göttingen 2016, 25–81, bes. 30 ff. u. 62–64. Die begriffliche Gegenüberstellung von „christlichem" und „paganem" Monotheismus hat Alfons Fürst kritisiert; vgl. Alfons Fürst, Paganer und christlicher „Monotheismus". Zur Hermeneutik eines antiken Diskurses, in: Jahrbuch für Antike und Christentum 51 (2008), 5–24. Ihm zufolge stehen sich verschiedene Typen von Religionen gegenüber, die durch das Gegensatzpaar Monotheismus/Polytheismus nicht angemessen unterschieden werden. Der wesentliche Gegensatz liege in der religiösen Praxis und nicht im Gottesbegriff bzw. im Gottesprädikat. Nach meinem Verständnis geht der Begriff eines (paganen) inklusiven Monotheismus dennoch in die richtige Richtung, weil er aufzeigt, dass man die reflektierte Orientierung an dem einen Gott mit einer „inklusiven" religiösen Praxis verbindet.

[18] Vgl. Wolfgang Schrage, Unterwegs zur Einheit und Einzigkeit Gottes. Zum Monotheismus des Paulus und seiner alttestamentlich-jüdischen Tradition, in: Evangelische Theologie 61, Heft 3 (2001), 190–203.

[19] Vgl. hierzu Cilliers Breytenbach, Der einzige Gott – Vater der Barmherzigkeit. Thoratexte als Grundlage des paulinischen Redens von Gott, in: Berliner Theologische Zeitschrift 22 (2005), 37–54.

[20] Vgl. zur Stelle Michael Wolter, Der Brief an die Römer, Teilband 1:

Röm 1–8, EKK Bd. VI/1, 1. Auflage Göttingen, Ostfildern 2014, 498 f.; James M. Scott, Adoption as Sons of God. An Exegetical Investigation into the Background of Huithesia in the Pauline Corpus, WUNT 2. Reihe Bd. 48, Tübingen 1992, 259 ff.

[21] Vgl. Wolfgang Schrage, Unterwegs zur Einheit und Einzigkeit Gottes. Zum Monotheismus des Paulus und seiner alttestamentlich-jüdischen Tradition, in: Evangelische Theologie 61, Heft 3 (2001), 190–203, hier 196 f.

[22] Vgl. The Divine Father. Religious and Philosophical Concepts of Divine Parenthood in Antiquity, hg. v. Felix Albrecht u. Reinhard Feldmeier, Themes in Biblical Narrative Jewish and Christian Traditions, vol. 18, Leiden 2014, hier besonders in der Einführung von Feldmeier, a. a. O., 5 f., 8 ff., sowie den Beitrag von Florian Wilk, „Vater ...' Zur Bedeutung der Anrede Gottes als Vater in den Gebeten der Jesusüberlieferung", a. a. O., 201–231.

[23] Vgl. zur Stelle Michael Wolter, Der Brief an die Römer, Teilband 1: Röm 1–8, a. a. O., 497–499. Ross Wagner, „Is God the father of Jews only, or also of Gentiles? The peculiar shape of Paul's ‚Universalism', in The Divine Father, a. a. O., 233–254, setzt sich kritisch mit dem liberalen Paulusbild als Vertreter eines ethischen Universalismus im Unterschied zum „jüdischen Partikularismus" auseinander (233 ff.). Er weist zunächst darauf hin, dass im hellenistischen Judentum, das Paulus geprägt habe, ein universalistischer Monotheismus geläufig war, die Kontrastfolie eines jüdischen Partikularismus also in die Irre führe (vgl. 236 f.). Gerade die Anrede Gottes als Vater habe Paulus nun seinerseits partikularistisch verstanden, nämlich so, dass nur Menschen, die sich in der Bindung an Christus als von Gott adoptiert und in die Beziehung Gottes mit seinem Volk hineingenommen wissen, Gott als Vater anrufen können (vgl. 239 ff.) Insofern sei der Monotheismus des Paulus nur als „christologischer Monotheismus" (christological monotheism) zu verstehen (vgl. 251). Der Korrektur des Gegensatzpaares jüdischer Partikularismus versus christlicher Universalismus ist m. E. ebenso zuzustimmen wie der Einschätzung, dass Paulus keineswegs einen Monotheismus vertrat, in dem die Vater-Anrede gewissermaßen die Brücke zwischen Vater Zeus und dem Vater Jesu Christi bildet. Zu weit in die Richtung geläufigen paulinisch geprägten dogmatischen Denkens geht

Wagner, wenn er aus den christologischen Denkfiguren im Galater- und im Römerbrief Abgrenzungskriterien im „kirchlichen" Sinne ableitet.

[24] Vgl. dazu Wilk, ‚Vater ...', a. a. O., 209 f., nach dem die Anrufung Gottes als Vaters bei Paulus, aber auch im Markusevangelium zwei Aspekte verbindet, nämlich den Hilferuf (oder die Bitte) und die Selbstverpflichtung des Beters (auf das Gebot Gottes).

[25] Vgl. Ulrich Luz, Das Evangelium nach Matthäus, 1. Teilband: Mt 1–7, a. a. O., 425–429.

[26] Vgl. zum Bittgebet Christoph G. Müller, Bitten und Beten im NT und seiner Umwelt, NTS 49 (2003), 1–21.

[27] Vgl. den „Schulden" im Gegensatz zu den „Verfehlungen" Ulrich Luz, Das Evangelium nach Matthäus, 1. Teilband: Mt 1–7, a. a. O., 452 f.

[28] Vgl. zum Verständnis der Gerechtigkeit im Matthäusevangelium Georg Strecker, Theologie des Neuen Testaments, hg. v. Friedrich W. Horn, Berlin, New York 1996, 402 ff.

[29] Vgl. a. a. O., 405.

[30] Die Lebensform, die Jesus lebt und empfiehlt, hat man mit der Lebensform der kynischen Philosophen der griechischen Antike verglichen, die ebenfalls im Verzicht auf alle wechselseitigen gesellschaftlichen Ansprüche den richtigen Weg aus ansonsten unlösbaren Fragen der Gerechtigkeit und des persönlichen Glücks gesehen haben; vgl. dazu Gerd Theißen, Jesus unter den Philosophen? Über die kynische Interpretation Jesu, in: EvTh 74 (2014) 261–272, der die Diskussion der letzten Jahrzehnte zusammenfasst.

III. Ethik der Nächstenliebe in der Moderne

[1] Mit „Monotheismus" ist hier die bewusste Hinwendung zu dem einen Gott gemeint. Es geht also nicht um eine Klassifikation von Religionen. Auch schließe ich nicht an die vor zwanzig Jahren von dem Ägyptologen Jan Assmann ausgelöste Debatte um den vermeintlich biblischen Monotheismus an; vgl. die Zusammenfassung der Thesen Assmanns: Jan Assmann, Ist der Eine Gott gewalttätig? ZNT 17, 9. Jg. (2006), 42–47. Nach Assmann tritt der Eine Gott als Garant von Recht und Gerechtigkeit an die Stelle des altorientalischen Königs. Wie dieser muss er Gewalt ausüben bzw. androhen, um Recht und Gerechtigkeit durchzusetzen Dieser

Gedankengang ist im „Heiligkeitsgesetz" (3. Mose 17–26) greifbar – dem Teil der fünf Bücher Mose, in dem das Liebesgebot in der Bibel erstmalig erwähnt wird. Jedoch spielt die imperiale Metaphorik in der weiteren Auslegung des Liebesgebotes keine Rolle. Der „ethische Monotheismus" bedeutet im Zusammenhang des Doppelgebots der Liebe, dass sich die Einheit und Universalität Gottes darin ausdrückt, dass er ein allen Menschen nachvollziehbares und zumutbares höchstes Gebot gibt. Zur Begriffsgeschichte vgl. R. Hülsewiesche, „Monotheismus", in: Historisches Wörterbuch der Philosophie Bd. 6 (1984), 142–146.

[2] Vgl. Reiner, Die Goldene Regel, a. a. O., und Neil Duxbury, Golden Rule Reasoning, Moral Judgement and Law, in: Notre Dame Law Review 84 (2009), 1529–1604.

[3] Kant grenzt sich mit seinem kategorischen Imperativ scharf gegen die vermeintlich „triviale" Goldene Regel ab – doch in der Abgrenzung ist die Verwandtschaft erkennbar. Vgl. Immanuel Kant, Grundlegung zur Metaphysik der Sitten, BA 68, in: Werke in zehn Bänden, hg. v. Wilhelm Weischedel, Sonderausgabe: Darmstadt 1981, Bd. 6, 62 – und Reiner, Die Goldene Regel. a. a. O., 79, und Bruno Brülisauer, Die Goldene Regel: Analyse einer dem kategorischen Imperativ verwandten Grundnorm, in: Kant-Studien 71 (1980), 325–345.

[4] Immanuel Kant, Grundlegung zur Metaphysik der Sitten, BA 52, a. a. O., 51.

[5] BA 66 f., a. a. O., 61.

[6] Vgl. dazu John Rawls, Die Idee des politischen Liberalismus. Aufsätze 1978–1989 hg. v. Wilfried Hinsch, 1. Auflage Frankfurt am Main 1994. Die Beziehung zu seiner zuerst 1971 veröffentlichten „Theorie der Gerechtigkeit" stellt John Rawls in dem Aufsatz „Kantischer Konstruktivismus in der Moraltheorie" her (a. a. O., 80–158.). In diesem Aufsatz wird auch die Grundfigur eines fiktiven Urzustands präzisiert, der Grundlage für die Beurteilung von Fragen der Gerechtigkeit sein soll. In „Gerechtigkeit als Fairness: politisch und nicht metaphysisch" (a. a. O., 255 ff.) präzisiert er den Status seiner Position als „politische" Konzeption von Gerechtigkeit, die also nicht als „allgemeine moralische Lehre" (a. a. O., 257) zu verstehen sei, sondern als ein aus verschiedenen ethischen und weltanschaulichen Perspektiven sinnvoller Konsenspunkt für die Gestaltung eines demokratischen Verfassungsstaats.

[7] Der fiktive Schleier des Nichtwissens filtert bzw. neutralisiert die persönlichen Präferenzen und Interessen, die sich aus der persönlichen Perspektive und gesellschaftlichen Position ergeben. Der Gedanken des Hineinversetzens in beliebige andere Menschen wird radikalisiert, indem nicht mehr *ich* (mit meiner persönlichen Perspektive) *mich* an die Stelle eines anderen Menschen versetze, sondern auch davon abstrahiere, wer ich in dieser Gesellschaft bin; vgl. Duxbury, Golden Rule Reasoning, Moral Judgement and Law, a. a. O., hier 1575 f.

[8] Vgl. dazu Heinrich Bedford-Strohm, Vorrang für die Armen: Auf dem Weg zu einer theologischen Theorie der Gerechtigkeit, 2. Auflage Leipzig 2018, 206 ff.

[9] S. o. Kapitel II, Abschnitt 6.

[10] S. o. Kapitel I, Abschnitt 3.

[11] BA 13, a. a. O., 25, und Kant, Kritik der praktischen Vernunft, A 147–149, a. a. O., 205 f.

[12] Zur „Achtung" vgl. Kritik der praktischen Vernunft, A 127 ff., bes. A 133 ff., a. a. O., 191 ff., bes. 195 ff. Primärer Gegenstand ist das moralische Gesetz, an zweiter Stelle bezieht sich das Gefühl auf (moralische) „Personen". Nachdem er diese „Triebfeder" der rationalen Moral entwickelt hat, kommt Kant dann auf das biblische Liebesgebot zu sprechen (A 147 f., a. a. O., 205) und stellt klar, dass mit dem Doppelgebot der Liebe nichts anderes gemeint sein könne als die Achtung vor dem Gesetz und den Personen.

[13] Vgl. G. F. W. Hegel, Der Geist des Christentums, Werke hg. v. Eva Moldenhauer und Karl Markus Michel, Frankfurt am Main 1971, Bd. 1, 274 ff. bes. 324 f. und dazu Timo Slootweg, Das göttliche Gebot und der Geist der Liebe. Eine kritische Voraussetzung mit Hegels frühen theologischen Voraussetzungen, in: Hegel-Jahrbuch 2010, 72–77, bes. 74 f. Hegel lehnt den Gedanken eines Liebes*gebotes* ab und sucht stattdessen nach der „Wirklichkeit" der Liebe u. a. in den Gefühlsbindungen der Familie.

[14] Vgl. Axel Honneth, Kampf um Anerkennung. Zur Grammatik moralischer Konflikte, Frankfurt am Main 1992, sowie ders., Anerkennung. Eine europäische Ideengeschichte, Berlin 2018. Im Frankfurter Institut für Sozialforschung sind zahlreiche sozialwissenschaftliche Detailstudien zu den Facetten des „Kampfes um Anerkennung" durchgeführt

worden. Ein weiterer Schlüsseltext für die Debatte über Anerkennung als zentralen gesellschaftlichen Wert ist Charles Taylor, Multikulturalismus und die Politik der Anerkennung (1993), Frankfurt am Main 2012.

[15] Vgl. Tobias Braune-Krickau, Religion und Anerkennung, Tübingen 2015, der Honneths Begriff der Anerkennung aufgreift und für die Deutung diakonischer Arbeit fruchtbar macht.

[16] S. o. Kapitel II, Abschnitt 1.

[17] S. o. Kapitel II, Abschnitt 1.

[18] Vgl. Renate Kirchhoff, Main Biblical Themes of Diaconia from European Perspectives in: International Handbook on Ecumenical Diakonia. Contextual Theologies and Practices of Diakonie and Christian Social Services. Hg. v. Godwin Ampony, Martin Büscher, Beate Hofmann, Félicité Ngintendem, Dennis Solon und Dietrich Werner, Oxford 2021, 26 ff. Das Handbuch, an dem über einhundert Theologinnen und Theologen aus allen Regionen und kirchlichen Traditionen mitgearbeitet haben, ordnet die europäische Tradition der Diakonie in einen internationalen Kontext ein.

[19] Vgl. Susanne Barth, Tätige Nächstenliebe in Werk und Wirken Gregors des Großen, Tübingen 2021, bes. 4 f., 42 ff., 53 ff.

[20] Vgl. Michaela Collinet (Hg.), Caritas, Barmherzigkeit, Diakonie. Studien zu Begriffen und Konzepten des Helfens in der Geschichte des Christentums vom Neuen Testament bis ins späte 20. Jahrhundert, Religion – Kultur – Gesellschaft 2, Berlin, Münster 2014, sowie Hilfekultur(en) im Wandel: Historische Transformationsprozesse organisierter Nächstenliebe, Festschrift Wolfgang Maaser, hg. v. Sigrid Graumann und Lars Klinnert, Göttingen 2022.

[21] Der Begriff der „Versachlichung" geht in der sozialwissenschaftlichen Diskussion auf Max Weber zurück, der von einer Versachlichung von Herrschaft – in der Nachfolge und im Gegensatz zur Herrschaft durch charismatische Autorität spricht. Wesentliche Aspekte der Versachlichung sind die Disziplinierung und Rationalisierung des Handelns. Beide Aspekte lassen sich in der Geschichte der modernen Diakonie und Caritas leicht wiederfinden: die Disziplinierung besonders in der Bildung von sozial-karitativen Gemeinschaften, die Rationalisierung besonders in der Ausdifferenzierung und Professionalisierung der Hilfen; vgl. Max Weber, Wirtschaft und Gesellschaft. Grundriss der

verstehenden Soziologie, 5. revidierte Ausgabe, Tübingen 1980, 654 ff u. 682.

[22] Vgl. z. B. Rainer Wendt, Geschichte der Sozialen Arbeit, Bd. 1: Die Gesellschaft vor der sozialen Frage 1750–1900, Wiesbaden 2017, 179 ff.

[23] Vgl. den Sammelband: Caritas und Diakonie im „goldenen Zeitalter" des bundesdeutschen Sozialstaats. Transformationen in den konfessionellen Wohlfahrtsverbänden in den 1960er Jahren, hg. v. Traugott Jähnichen, Andreas Henkelmann, Uwe Kaminski u. Katharina Kunter, Stuttgart 2010.

[24] Vgl. Gerhard Uhlhorn, Die christliche Liebestätigkeit, Darmstadt 1959 (unveränderter fotomechanischer Nachdruck der zweiten verbesserten Auflage von 1895 aus dem Verlag von D. Gundert, Stuttgart).

[25] Die früher in der christlichen Theologie verbreitete Vorstellung von der „Überbietung" der jüdischen Ethik durch die christliche Liebesethik wird knapp und anschaulich aufgearbeitet und korrigiert in Paul Petzel, Norbert Reck, Zentralkomitee der deutschen Katholiken (Hg.), Von Abba bis Zorn Gottes: Irrtümer aufklären – das Judentum verstehen, Düsseldorf 2017, 43 f. Ein interessantes Beispiel für eine konfessionell zugespitzte Deutung der Liebesethik findet sich in dem seinerzeit berühmten Buch „Eros und Agape" des schwedischen Theologen Anders Nygren, der einen grundlegenden Gegensatz zwischen dem platonischen Eros und der biblischen Agape formuliert, die sich für Nygren nur innerhalb der lutherischen Theologie vollständig erschließt; vgl. Anders Nygren, Eros und Agape. Gestaltwandlungen der christlichen Liebe 2 Bde. (1930/37).

[26] Dies ist besonders von Feuerbach und seinen Nachfolgern hervorgehoben worden. Vgl. für eine aktuelle humanistische Positionierung Ursula Reitemeyer, Thassilo Polcik, Katharina Gather, Stephan Schlüter (Hg.), Das Programm des realen Humanismus. Festschrift für Ludwig Feuerbach zum 150. Todesjahr, Münster, New York 2023, darin besonders den Beitrag von Gabriel Amengual, a. a. O., 117 ff., der die Vorstellung von der Menschheit als Gattung und Gemeinschaft herausarbeitet, sowie den Beitrag von Adriana Veríssimo Serrão, a. a. O., 137 ff., die für einen Humanismus in Verantwortung für die Natur plädiert.

[27] S. o. Anmerkung 66.

Literatur

Die Bibel. Nach Martin Luthers Übersetzung revidiert 2017, Stuttgart: Deutsche Bibelgesellschaft 2020.

Die Schrift. Verdeutscht von Martin Buber gemeinsam mit Franz Rosenzweig, Bd. 1 Die fünf Bücher der Weisung. 10. verbesserte Auflage der neubearbeiteten Ausgabe von 1954, Heidelberg 1981.

Albrecht, Felix und Reinhard Feldmeier (Hg.): The Divine Father. Religious and Philosophical Concepts of Divine Parenthood in Antiquity, Themes in Biblical Narrative Jewish and Christian Traditions, vol. 18, Leiden 2014.

Amengual, Gabriel: Ludwig Feuerbach – auf der Suche nach einer humanistischen Lebensform, in: Ursula Reitemeyer, Thassilo Polcik, Katharina Gather und Stephan Schlüter (Hg.): Das Programm des realen Humanismus, 117–135.

Assmann, Jan: Ist der Eine Gott gewalttätig? ZNT 17, 9. Jg. (2006), 42–47.

Augenstein, Jörg: Das Liebesgebot im Johannesevangelium und in den Johannesbriefen, BWANT Bd. 134, Stuttgart: Kohlhammer 1993.

Barth, Susanne: Tätige Nächstenliebe in Werk und Wirken Gregors des Großen, Tübingen: Mohr Siebeck 2021.

Bartmann, Peter: Das Gebot und die Tugend der Liebe, Stuttgart: Kohlhammer 1998.

Bedford-Strohm, Heinrich: Vorrang für die Armen: Auf dem Weg zu einer theologischen Theorie der Gerechtigkeit, 2. Auflage Leipzig: Evangelische Verlagsanstalt 2018.

Bovon, François: Das Evangelium nach Lukas, EKK Bd. III/1, Zürich/Düsseldorf: Benziger Verlag, Neukirchen: Neukirchener Verlag 1996.

Boyd, Robert und Joan B. Silk, How Humans Evolved, 8th edition, Norton & Company, 2017.

Braune-Krickau, Tobias: Religion und Anerkennung, Tübingen: Mohr Siebeck 2015.

Breytenbach, Cilliers: Der einzige Gott – Vater der Barmherzigkeit. Thoratexte als Grundlage des paulinischen Redens von Gott, in: Berliner Theologische Zeitschrift 22 (2005), 37–54.

Brülisauer, Bruno: Die Goldene Regel: Analyse einer dem kategorischen Imperativ verwandten Grundnorm, in: Kant-Studien 71 (1980), 325–345.

Collinet, Michaela (Hg.): Caritas, Barmherzigkeit, Diakonie. Studien zu Begriffen und Konzepten des Helfens in der Geschichte des Christentums vom Neuen Testament bis ins späte 20. Jahrhundert, Religion – Kultur – Gesellschaft 2, Berlin/Münster: Lit-Verlag 2014, Graumann, Sigrid und Lars Klinnert (Hg.): Hilfekultur(en) im Wandel: Historische Transformationsprozesse organisierter Nächstenliebe, Göttingen: Vandenhoeck & Ruprecht 2022.

Duxbury, Neil: Golden Rule Reasoning, Moral Judgement and Law, in: Notre Dame Law Review 84 (2009), 1529–1604.

Fehr, Ernst: Don't lose your reputation, in: Nature Nr. 432 (25.11.2004), 449–450.

Feldmeier, Reinhard: Das Herrengebet im Kontext der paganen Gebetsliteratur, in: Florian Wilk (Hg.): Das Vaterunser in seinen antiken Kontexten. Zum Gedenken an Eduard Lohse, FRLANT Bd. 266, Göttingen: Vandenhoeck & Ruprecht 2016, 25–81.

Fürst, Alfons: Paganer und christlicher „Monotheismus". Zur Hermeneutik eines antiken Diskurses, in: Jahrbuch für Antike und Christentum 51 (2008), 5–24.

Gräßer, Erich: Der zweite Brief an die Korinther. Kapitel 8,1–13.13, ÖTK 8/2, Gütersloh: Gütersloher Verlagshaus 2005.

Hauerwas, Stanley: A Community of Character. Towards a constructive Christian Social Ethic, Notre Dame/Indiana: University of Notre Dame Press 1981.

Hegel, G. F. W., Der Geist des Christentums, Werke hg. v. Eva Moldenhauer und Karl Markus Michel, Frankfurt am Main: Suhrkamp 1971, Bd. 1.

Held, Klaus: Der biblische Glaube. Phänomenologie seiner Herkunft und Zukunft, Frankfurt am Main: Klostermann 2018.

Hieke, Thomas: Levitikus. Zweiter Teilband, 16–27. Herders Theologischer Kommentar zum Alten Testament, Freiburg, Basel, Wien: Herder-Verlag 2014.

Honneth, Axel: Anerkennung. Eine europäische Ideengeschichte, Berlin: Suhrkamp Verlag 2018,

Honneth, Axel: Kampf um Anerkennung. Zur Grammatik moralischer Konflikte, Frankfurt am Main: Suhrkamp 1992.

Hülsewiesche, R.: Art. „Monotheismus", in: Historisches Wörterbuch der Philosophie Bd. 6 (1984), 142–146.

Jähnichen, Traugott, Andreas Henkelmann, Uwe Kaminski und Katharina Kunter (Hg.): Caritas und Diakonie im „goldenen Zeitalter" des bundesdeutschen Sozialstaats. Transformationen in den konfessionellen Wohlfahrtsverbänden in den 1960er Jahren, Stuttgart: W. Kohlhammer 2010.

Kant, Immanuel: Grundlegung zur Metaphysik der Sitten, in: Werke in zehn Bänden, hg. v. Wilhelm Weischedel, Sonderausgabe: Darmstadt 1981, Bd. 6.

Kirchhoff, Renate: Main Biblical Themes of Diaconia from European Perspectives in: International Handbook on Ecumenical Diakonia. Contextual Theologies and Practices of Diakonie and Christian Social Services, hg. v. Godwin Ampony, Martin Büscher, Beate Hofmann, Félicité Ngintendem, Dennis Solon und Dietrich Werner, Oxford: Regnum Books International 2021.

Knoche, S.: Art. Selbstliebe, in: Historisches Wörterbuch der Philosophie Bd. 9, Basel 1998, 465–487.

Köckert, Matthias: Die zehn Gebote, München: Beck-Verlag 2007, 26–35.

Labahn, Michael: Der geliebte Feind. Wahrnehmung des Anderen in Jesu Gebot der Feindesliebe und ihre Rezeption im Dokument Q – ein Beispiel antiker „Toleranz" und „Anerkennung", in: Tolerance, Intolerance and Recognition in Early Christianity and Early Judaism, hg. v. Outi Lehtipuu u. Michael Labahn, Amsterdam: Amsterdam University Press 2022, 73–110.

Lee, John R.: Christological Rereading of the Shema (Deut 6.4) in Mark's Gospel, WUNT 2. Reihe Bd. 533, Tübingen: Mohr Siebeck 2020.

Levine, Baruch A.: Leviticus, The JPS (The Jewish Publication Society) Torah commentary 1. ed., 1989.

Lindemann, Andreas: Der erste Korintherbrief, HNT Bd. 9/1, Tübingen: Mohr Siebeck 2000.

Luz, Ulrich: Das Evangelium nach Matthäus, 1. Teilband: Mt 1–7, EKK Bd. I/1, 5. Auflage, Zürich/Düsseldorf: Benziger Verlag, Neukirchen: Neukirchener Verlag 2002.

Luz, Ulrich: Das Evangelium nach Matthäus, 3. Teilband: Mt 18–25, EKK Bd. I/3, Zürich/Düsseldorf: Benziger Verlag, Neukirchen: Neukirchener Verlag 1997.

MacIntyre, Alasdair: Der Verlust der Tugend. Zur moralischen Krise der Gegenwart, erweiterte Neuausgabe, Frankfurt/New York: Campus Verlag 2006.

Mathys, Hans-Peter: Liebe deinen Nächsten wie dich selbst. Untersuchungen zum alttestamentlichen Gebot der Nächstenliebe (Lev 19,18). Orbis Biblicus et Orientalis Bd. 71, Freiburg/Schweiz/Göttingen 1986.

Müller, Christoph G.: Bitten und Beten im NT und seiner Umwelt, in: NTS 49 (2003), 1–21.

Nygren, Anders: Eros und Agape. Gestaltwandlungen der christlichen Liebe 2 Bde., Gütersloh 1930/37.

Ostmeyer, Karl-Heinrich: Das Beten Jesu. Vaterunser, in: Jesus-Handbuch, hg. v. Jens Schröter und Christine Jacobi, Tübingen: Mohr Siebeck 2017, 395–400.

Otto, Eckart: Deuteronomium 1–11. Zweiter Teilband 4,44–11.32, Herders Theologischer Kommentar zum Alten Testament, Freiburg/Basel/Wien: Herder 2012.

Petzel, Paul, Norbert Reck und Zentralkomitee der deutschen Katholiken (Hg.): Von Abba bis Zorn Gottes: Irrtümer aufklären – das Judentum verstehen, Düsseldorf: Patmos 2017.

Rawls, John: Die Idee des politischen Liberalismus. Aufsätze 1978–1989, hg. v. Wilfried Hinsch, 1. Auflage Frankfurt am Main: Suhrkamp 1994.

Reiner, Hans: Die Goldene Regel. Die Bedeutung einer Grundformel der Menschheit, in: Zeitschrift für philosophische Forschung 3 (1949), 74–105.

Reitemeyer, Ursula, Thassilo Polcik, Katharina Gather und Stephan Schlüter (Hg.): Das Programm des realen Humanismus. Festschrift für Ludwig Feuerbach zum 150. Todesjahr, Münster/New York: Waxmann 2023.

Rohr, Winfried (Hg.): „Liebe – eine Tugend? Das Dilemma der modernen Ethik und der verdrängte Status der Liebe, Wiesbaden: Springer Fachmedien 2018.

Schmid, Konrad: Theologie des Alten Testaments, Neue Theologische Grundrisse, Tübingen: Mohr Siebeck 2019.

Schrage, Wolfgang: Der erste Brief an die Korinther, EKK VII/3, Zürich/Düsseldorf: Benziger Verlag, Neukirchen: Neukirchener Verlag 1999.

Schrage, Wolfgang: Unterwegs zur Einheit und Einzigkeit Gottes. Zum Monotheismus des Paulus und seiner alttestamentlich-jüdischen Tradition, in: Evangelische Theologie 61, Heft 3 (2001), 190–203.

Schröter, Jens: Jesus von Nazareth. Jude aus Galiläa – Retter der Welt, Biblische Gestalten, hg. v. Christfried Böttrich und Rüdiger Lux, Bd. 15, 6. Auflage Leipzig: Evangelische Verlagsanstalt 2017.

Scott, James M.: Adoption as Sons of God. An Exegetical Investigation into the Background of Huithesia in the Pauline Corpus, WUNT 2. Reihe Bd. 48, Tübingen: Mohr Siebeck 1992.

Slootweg, Timo: Das göttliche Gebot und der Geist der Liebe. Eine kritische Voraussetzung mit Hegels frühen theologischen Voraussetzungen, in: Hegel-Jahrbuch 2010, 72–77.

Serrão, Adriana Veríssimo: Pour un humanisme responsable. L'éthique envers la nature chez Ludwig Feuerbach, in: Ursula Reitemeyer, Thassilo Polcik, Katharina Gather und Stephan Schlüter (Hg.): Das Programm des realen Humanismus, 137–151.

Söding, Thomas: Das Liebesgebot bei Paulus. Die Mahnungen zur Agape, Neutestamentliche Abhandlungen Neue Folge Bd. 26, Münster: Aschendorff Verlag 1995.

Strecker, Georg: Theologie des Neuen Testaments, hg. v. Friedrich W. Horn, Berlin/New York: De Gruyter 1996.

Taylor, Charles: Multikulturalismus und die Politik der Anerkennung (1993), Frankfurt am Main: Suhrkamp 2012.

Theißen, Gerd und Annette Merz: Der historische Jesus. Ein Lehrbuch, 4. Auflage Göttingen: Vandenhoeck & Ruprecht 2011.

Theißen, Gerd: Das Doppelgebot der Liebe. Jüdische Ethik bei Jesus, in: ders.: Jesus als historische Gestalt. Beiträge zur Jesusforschung, hg. v. Annette Merz, FRLANT 202, Göttingen: Vandenhoeck & Ruprecht 2003, 57–72.

Theißen, Gerd: Die Goldene Regel (Matthäus 7,12/Lukas 6,31). Über den Sitz im Leben ihrer positiven und negativen Form, in: Biblical Interpretation 11 (2003), 386–399.

Theißen, Gerd: Gesetz und Goldene Regel. Die Ethik des Matthäusevangeliums zwischen Regel und Empathieorientierung, in: Neutestamentliche Exegese im Dialog, Festschrift Ulrich Luz zum 70. Geburtstag, hg. v. Peter Lampe u. a., Neukirchen-Vluyn 2008, 237–254.

Theißen, Gerd: Jesus unter den Philosophen? Über die kynische Interpretation Jesu, in: EvTh 74 (2014) 261–272.

Uhlhorn, Gerhard: Die christliche Liebestätigkeit, Darmstadt 1959 (unveränderter fotomechanischer Nachdruck der zweiten verbesserten Auflage von 1895 aus dem Verlag von D. Gundert, Stuttgart).

Wagner, Ross: „Is God the father of Jews only, or also of Gentiles? The peculiar shape of Paul's ‚Universalism', in: Felix Albrecht und Reinhard Feldmeier (Hg.): The Divine Father, 233–254.

Wander, Bernd: Gottesfürchtige und Sympathisanten. Studien zum Umfeld von Diasporasynagogen, WUNT Bd. 104, Tübingen: Mohr Siebeck 1998.

Weber, Max: Wirtschaft und Gesellschaft. Grundriss der verstehenden Soziologie, 5. rev. Ausgabe, Tübingen: Mohr Siebeck 1980.

Wendt, Rainer: Geschichte der Sozialen Arbeit, Bd. 1: Die Gesellschaft vor der sozialen Frage 1750–1900, Wiesbaden: Springer Fachmedien 2017.

Wilk, Florian: „‚Vater ...' Zur Bedeutung der Anrede Gottes als Vater in den Gebeten der Jesusüberlieferung", in: Felix Albrecht und Reinhard Feldmeier (Hg.): The Divine Father, 199–231.

Wischmeyer, Oda: Liebe als Agape. Das frühchristliche Konzept und der moderne Diskurs, Tübingen: Mohr Siebeck 2015.

Wolter, Michael: Das Lukasevangelium, HNT Bd. 5, Tübingen: Mohr Siebeck 2008.

Wolter, Michael: Der Brief an die Römer, Teilband 1: Röm 1–8, EKK Bd. VI/1, 1. Auflage Göttingen: Vandenhoeck & Ruprecht/Ostfildern: Patmos Verlag 2014.

Zenger, Erich u. a.: Einleitung in das Alte Testament, Neunte, aktualisierte Auflage hg. v. Christian Frevel, Stuttgart: Kohlhammer 2016.